No Excuse!

今天找借口
明天找工作

你现在的每一个借口都是为未来挖的坑！

陶永进◎著

百花洲文艺出版社
BAIHUAZHOU LITERATURE AND ART PRESS

图书在版编目（CIP）数据

今天找借口，明天找工作 / 陶永进著. — 南昌：百花洲文艺出版社, 2018.4
ISBN 978-7-5500-2773-2

I. ① 今… II. ① 陶… III. ① 工作方法 – 通俗读物 IV. ① B026-49

中国版本图书馆CIP数据核字（2018）第060026号

今天找借口，明天找工作
陶永进 著

出 版 人	姚雪雪
责任编辑	袁 蓉
封面设计	末末美书
版式设计	书情文化
出版发行	百花洲文艺出版社
地 址	南昌市红谷滩新区世贸路898号博能中心A座20楼
邮 编	330038
经 销	全国新华书店
印 刷	天津中印联印务有限公司
开 本	720mm × 1000mm 1/16
印 张	14.5
字 数	202千字
版 次	2018年6月第1版 2018年6月第1次印刷
书 号	ISBN 978-7-5500-2773-2
定 价	45.00元

赣版权登字：05–2018–147

邮购联系 0791-86895108
网 址 http://www.bhzwy.com
图书若有印装错误，影响阅读，可向承印厂联系调换。

Preface

前 言

借口是温水，我们是水里的青蛙

是什么妨碍了我们在工作中的效率和成就？

当向旁人问及这个问题时，我听到的回答几乎千篇一律：时间不够用，物力、财力等资源日益缩减，不被重视和重用，找不到机会，等等。但是对他们进行更深入的了解后，我往往会发现这些大都是借口罢了。太多的人习惯于找各种借口为自己的过失和失意开脱或搪塞，并以此获得些许的心理安慰。

每一个借口的背后，都隐藏着丰富的潜台词。面对失败和困难时，有些人喜欢把“不是”“没有”与“我”紧密联系在一起。其潜台词就是“这事与我无关”，不愿承担责任，甚至把本应自己承担的责任推卸给别人。面对机遇和挑战时，有些人习惯将“不行”“太难”等话语挂在嘴边，其潜台词就是“我不想那么辛苦”，如此不思进取，又自欺欺人地把平庸和失败的责任归结为命途多舛……

可见，任何借口都只能麻醉自己，让你停滞不前，对现存的状况无动于衷。在这种状况下，你不再去思考克服困难、完成任务的方法。或者更准确地说，正是因为借口，使你慵懒无争；因为借口，使你墨守成规；因为借口，使你无所作为……每一个借口就像一片温水，让人贪图安逸，不思进取，不知不觉就让我们做了温水中的那只青蛙，越陷越深，不能自拔。借口给你带来的片刻安逸，正在一点一点地吞噬你的生命。如果你不把这一习惯彻底铲除，你要取得任何成就都是十分困难的。

行走在职场中的朋友们，你想超越平庸，拥抱成功吗？那么，与其浪费精力去寻找一个像样的借口，还不如多花时间去寻找解决方法。

职场上没有任何借口，只为结果找方法，不为失败找借口，这是我工作多年的重要心得之一。不找任何借口，听起来十分冷漠，缺乏人情味，但这就是要让人明白：在职场无论遭遇什么样的情况，都必须对自己的行为负责！不找任何借口，专注工作目标，就没有私心杂念，就能把精力专注于工作；不找任何借口，全力以赴做事，能更好地挖掘自身潜力，不断提高自身能力；不找任何借口，勇敢地承担责任，才可能尽最大努力把事情做好，工作效率就会更高。

当今社会，什么样的人才是真正的人才？所谓人才就是当遇到问题的时候，他们总是能够主动去找方法解决，而不是找借口回避责任，找理由为失败辩解。面对困难和挑战时，他们往往能够表现出坚忍不拔、锲而不舍的工作态度，让自己磨砺得越来越强大，最终能够独当一面，脱颖而出。现如今，找方法不找借口也是无数商界精英秉承的理念和价值观，被众多企业奉为圭臬。

本书基于“方法”与“问题”的关系，从如何克服“找借口”的心理障碍、如何拥有解决问题的有效方法、如何把难题变成机会等多个方面进行了阐述，是对一个人的思维习惯、行为方式和核心价值观进行的全面清扫，能帮助诸多读者更好地了解自己，进一步发掘自身能力和潜能，从而告别借口的“温水”，拥有“找方法”的意识和习惯，更好地做好工作，为将来的成功做好铺垫。

任何时刻，当你感到找借口的恶习正悄悄地向你靠近，或当此恶习已迅速缠上你，使你动弹不得之际，你一定要对自己说一遍下面的话：“我是一个不需要借口的人，我对自己的行为和目标负责，我要尽最大的努力……”请相信，只要没有任何借口地做下去，你总有一天会实现梦寐以求的一切。

Contents

目 录

第一章 与其客观找借口，不如主观找动力

借口越多，动力越少，这是不变的真理。借口总是在强调外部的不利因素，忽视个人的主观能动性。而借口的腐蚀性又是如此之强，找借口的人到最后往往被自己的借口蒙蔽，成为被借口左右的奴隶。从今天，忘掉借口，不去计较外界的干扰。关注内心，给自己一个不断进取的源动力。

第二章 无人赏识？因为还未展现核心竞争力

当你总是被质疑，被否定时，别动不动就说自己无人赏识、怀才不遇等，这其实是最拙劣的借口。人才是需要价值来体现的。在你尚未展现出核心竞争力的时候，你的不遇一定是因为不才。切记，没有人会赏识一块烂木头，你要努力让自己开出花来，才有资格要机遇、要好运。

第三章 “尽力”不是借口，深度工作莫白费力

人如果长期停留在不断重复、熟悉的简单事务中，繁忙的假象只会给自己带来慰藉，连虽败犹荣的资格都没有。为摆脱这种浮浅、瞎忙的状态，就要不断训练自己深度工作的能力。深度工作就是会思考，擅筹划，保持头脑的高速运转，提升技能，创造新价值，从而达到有价值的产出和最终的成功。

第四章 意外太多是借口，计划不力是祸首

相当一部分职场人士，总习惯把领导的吩咐、上级的文件、同行的打扰、突发的事件等，当作自己完不成工作的借口。殊不知，阻碍我们的从来不是各种意外，而是计划外工作引起的恶性循环。因此必须制订切实可行的计划，按照自己的计划去努力工作。每天让计划逐步得到落实，你就会逐步成为工作的主宰，天长日久就会不断地成长壮大！

第五章 别说没人帮，你不是一个人在战斗

在职场上打拼，我们每个人都不是单枪匹马的侠客，更不是一个人在战斗。与其找没背景、没资金、没人脉等借口，不如学会团结一切可以团结的力量，充分调动一切积极因素，实现资源的最佳配置。俗话说，一个好汉三个帮，一个篱笆三个桩。借助团队和人脉的力量，实现1+1>2 的完美组合，就能取得更大的成功。

第六章 总结成功再次成功，总结失败避免失败

没有反省就不会有进步，今天的工作绝不是昨天的重复。一次的错误、失意、失败等，也并不是你放弃努力的理由。有人之所以能够不断地进步，一次次成功，在于他能够不断地自我反省，找到自己的缺点或不足，然后不断改正，尝试最好的工作方式，寻找最佳的工作状态，少走弯路，少犯错误，进而最大程度地提高工作效益。

第七章 明确沟通目的，提高交流效率

沟通是工作中的重要一环，工作效率和质量的高低很大一部分都有赖于沟通的质量。沟通最重要的是效率，简单、明确、高效、无误地交流信息，达成信息同步，推进项目进展。不要说自己“天生木讷”“难以调教”，明确你的沟通目的，通过不断的选择、分析、调整策略，控制沟通的节奏及思路，那么你的工作将变得井然有序。

第八章 与其强调环境不利，不如深挖自身潜力

有很多人做事不顺时便会找借口，不外乎天时地利人和等客观条件，却总不从主观方面去找原因。这是最要不得的。因为真正决定一个人成就的不是天分，也不是运气，而是严格的自律和高强度的付出。与其强调环境不利，不如深挖自身潜力，这比什么都管用！人的潜能无限。当你说太晚的时候，你一定要谨慎，它可能正是你退却的借口。

第一章

与其客观找借口，不如主观找动力

借口越多，动力越少，这是不变的真理。借口总是在强调外部的不利因素，忽视个人的主观能动性。而借口的腐蚀性又是如此之强，找借口的人到最后往往被自己的借口蒙蔽，成为被借口左右的奴隶。从今天，忘掉借口，不去计较外界的干扰。关注内心，给自己一个不断进取的源动力。

别让借口消磨你的耐力

随着社会的快速发展，每天朝九晚五的职场早已变为一个竞技场，不论是领导层还是普通岗位，都存在着相互竞争的现象。久而久之，会令一些心理素质较弱的职场人变得心态不稳、心情浮躁，职业盲目、徘徊，甚至跳槽都成了普遍现象。如此一来，就陷入了一个恶性循环，越是浮躁，越是“耐不住”，而越是“耐不住”，就越难成事，因而也就越浮躁。

没有人会说自己耐不住，甚至也没有人主观上认为自己是缺乏恒心和毅力的人，所以人们会为自己的“耐不住”找各式各样的理由和借口去辩白。借口找得太多，有时候连自己都会信，所以人们往往忽视了自己“忍耐力”不足的现实，将自己的失败和浮躁归结于其他冠冕堂皇的原因，因而失去了改正的机会。

其实，“耐不住”这件事情没什么好回避的，因为任何一个人在追求事业成功的路上总有那么一些瞬间面临挫折、心生退意。不同的是，虽然每个人都有“耐不住”的时候，但没耐力的人选择逃避、选择简单，然后用种种借口掩饰自己的浮躁，于是错过了成功。可笑的是，没耐力的人还是得工作，而且他会发现，年轻时候挑了一条容易走的路，但是到最后却发现这条路越走越难。可是，这个时候已经没得选了，走不下去也得走。于是他的每一天都比前一天难“熬”。而有些人耐住了事业瓶颈期的苦，突破了瓶颈，路越走越宽，到最后不用再“忍耐”了，因为他已经掌握了命运，获得了自由。

我有A和B两个朋友。我们是读书时候的挚友，毕业之后一起到北京发展，在异乡相互扶持，情谊很深。

朋友A属于那种天资很一般的人，甚至有些平庸。朋友B脑子灵活，而且人长得非常精神，也善于沟通。他们两个来北京之后，老家的同学们私底下纷纷议论：B肯定能做成大事，A去北京就是一步错棋。A能力不突出，在北京那种竞争激烈的地方，别说出头了，估计连生存下来都成问题。

最初一两年，事情的发展也确实如老家同学所预测的那样。当B在一家上市公司一个月挣七八千的时候，A还在一家小公司做技术，一个月三千元都不到。

然后，B跳槽了，工资涨到一万左右了。A没动，还是在原单位，由于勤勤恳恳，小幅度涨了一些工资。

过了一段时间，A来找B，在楼下的成都小吃请B吃饭。B说："越干越没意思，不想干了。"A很吃惊，问："怎么了？你不是干得挺好吗？"

B说："好什么？每天忙得要死，为了节省点时间，上午不吃饭，中午天天不是必胜客就是麦当劳，快餐吃得快吐了。"

A吃着成都小吃的小面说："那你早起一会儿吃个早点，中午带饭吃。"

B摇摇头说："这不是关键问题，关键是这种日子没个头儿。我们那个经理，就是上次你见过的那个。他在兰州那边接了个项目，我想辞职跟他干，好歹也算个小技术股东。"

A说："你现在单位挺好的，月薪不算少，还是上市公司，其实很有前途。而且你的那个经理，我觉得靠不住。"

B说："你不懂。树挪死人挪活，我上次跳槽不是工资就涨了吗？这次肯定不会差。你啊，就是太死心眼儿。你现在这个公司不行，你都待了这么久，也没个起色。我劝你也跳个槽，收入绝对能涨。"

成年人要想说服对方，确实不那么容易。A和B那天聊了很久，谁也没说服谁。不久B就辞职去了兰州，A则留守原单位。

又过了三年，中间两个人身上各自发生了什么事情，不太清楚。但是结果却是明显的，A所在的那家创业公司，逐渐走上正轨。他虽然工作能力一般，但是五六年的时间磨炼下来，工作经验积累了不少，在公司里也成了骨干。而且由于他属于公司“元老”，所以在单位的地位很高，年收入超过了 40 万。

B 呢？他原有那么好的能力和条件，可惜折腾得有点凶，再加上运气不好，跟错了人。他们那个经理确实不靠谱，A 在兰州待了两年，钱却没怎么挣到。无奈他又回到北京，结果有些跟不上行业的发展，工资不升反降。但是直到此时，他还没有意识到浮躁和缺乏毅力是自己失败的本因，还是在不断强调外部环境的恶劣和命运的不公。人找借口是会形成惯性的，因此也错过了真正认识自己的机会，这才是最可怕的。

这个故事并不那么曲折。可相信但凡有些社会经验的人，都曾经见过类似的故事或者亲历过这样的故事。有时候，我们太过于强调能力和阅历，但却忽视了耐力和毅力。事实上，职场和球场有时候很像。你去打球，前半个小时你有技术你牛。半个小时以后，你会发现，耐力好、毅力强的人开始统治球场。而那些技术好但缺乏耐力的人，你会发现他们连站都站不稳了，何谈发挥？

所以我们说，职场生涯需要超凡的耐力。这个耐力不是与生俱来的，而是在不断地打磨中练就、在不断的挫折中奋起。有时候，眼前的困难会把我们逼到绝境，但是这个时候我们千万不要忘记，想要走出绝境，除了需要能力，更需要耐力。即便是我们最终失败，也要清楚地认识到，各种不利条件虽然在发挥作用，但是自身耐力不足也可能是主因所在。如果意识不到自身的问题，而去寻找这样或那样的借口，就失去了反思和提升的机会，在借口中反复自我麻痹，耐力也因此而渐渐地消磨殆尽。那个时候，才是彻底失败的开始。

小结：

有些读者在看了案例后，可能会得出这样的结论：“哦，原来耐力就是在一个单位坚持下去不跳槽，跳槽不会有好结果。”这是一种误解，我们所说的耐力，是坚持自己的方向，不动摇，是在逆境中踏实向前，不浮躁。

怨天怨地不如提高自己

“工作这么多年，仍然干杂七杂八的小事，我真倒霉！”

“为什么我总是碰见心狠手辣的老板？”

“没完没了的加班、福利低、管理不善、氛围糟糕……”

“遇到的客户太苛刻、太挑剔，为什么受伤害的总是我？”

……

对于职场中的抱怨，我们一点也不陌生。职场中有不少人，但凡遇到一点儿不顺心就抱怨连连。但这样的抱怨有道理吗？值得吗？能改变自己的现状吗？要我说，为什么倒霉的总是你？其原因正在于你总是抱怨。也就是说：并不是失败使人抱怨，而是爱抱怨的行为方式使人在职场中总是失败。

没错！抱怨是工作不能有效落实的主要心理障碍。当一个人在抱怨的时候，或者处在抱怨的情绪当中时，就会不停地暗示自己的不成功都是他人的错，暗示世界对自己不公平，让自己有理由不努力，如此无异于让自己陷入失败的怪圈：抱怨——消极心态——工作陷入被动——得不到公司认可——越发抱怨——更加不满的心态——工作效率降低——受到公司处罚、警告或者辞退。

抱怨的实质是为自己目前不良的状况寻找借口，归根结底是一种懒惰、不负责的表现。对此，我的建议是怨天怨地不如提高自己。静下心来仔细想想，我们为什么抱怨自己的薪水这么微薄，真的是付出多而得到少吗？其实很多时候，并不是老板故意不重视你，而是你的能力和经验还没有提高到相应的水平。也就是说，我们工作的一切不如意，主要原因在于我们自身的不合格。

大学刚毕业时，我曾在一家报社实习，这期间有幸采访了一位著名的企业家高先生。

我很珍惜这次采访机会，事先做了认真的准备，因此，我与高先生谈得很愉快。采访结束后，高先生亲切地问我："小伙子，你一个月的薪水是多少？"

"很低，一个月才两千左右。"我不好意思地回答，说完还不禁叹了一口气。

高先生微笑着对我说："很好！虽然你现在的薪水只有两千左右，但是你知道吗，你的所得远远不止这两千，所以千万不要有任何的抱怨。"

听到这一番话，我不由得一脸疑惑。高先生接着说："你要知道，通过这份工作你可以争取到采访名人的机会，你可以从每个人身上学到他们的成功之道。如果你能够多多积累这方面的经验，这就像你在银行存钱一样，钱存进了银行是会生利息的，而你的才能也会在这个过程中生利息，将来能连本带利地还给你。"

高先生的一席话让我茅塞顿开，明白了注重才能的积累比注重目前薪水的多少更重要。

钢铁大王卡耐基说过："总有人抱怨公司支付他的薪水不够高，但是他从来没有想过，支付他工资的并不是公司，而是他自己的业务能力与工作表现。"

我们为何总是抱怨？客观原因也好，主观原因也罢，根本原因在于自己，在于自身人性的弱点——懒惰、懦弱、胆小、自卑、死要面子等。

住口吧！与其成天叨叨你的生活有多糟糕，不如做些有意义的事情来改变它。

对于一名员工来说，任何指责和抱怨都是自身无能的借口。我们不应该将精力放在自己工资低上，而应该将注意力集中在"为什么自己工资低"上。我们不应该将精力放在领导苛刻或客户挑剔上，而应该关注自己哪里做得不好，从自己身上找原因，找到自己的缺点，给自己一个准确的定位。

当我们不再对现状一味地抱怨，而是努力地改变自己时，相信一切都会有所改观。

我的一位朋友徐朗在一家国际贸易公司上班。他对自己现在的工作非常不满意，经常愤愤不平地抱怨说："我的工作一点意思也没有，老板并不把我放在眼里。如果再这样继续下去，我就辞职不干了。"当我听到徐朗的抱怨时，问道："你对公司的业务流程熟悉吗？对于所做的国际贸易的窍门完全弄清了吗？"

"我才懒得去钻研那些东西。"徐朗漫不经心地回答。

"那我建议你先静下心来，抱着一种学习的态度，用心地对待自己的工作，好好地把公司的业务技巧、商业秘诀、客户特点和公司运营完全搞通，甚至包括签订合同都弄懂了之后，再做决定。这样，你可能会有许多收获。"说完这番话，我又继续解释道，"俗话说，君子报仇三年不晚，你将这家公司当作免费学习的地方，什么东西都学会之后再一走了之，不是既有收获又出了气吗？"

徐朗听从了我的建议，改变了往日散漫的习惯，对待工作很是用心，认真地完成老板交代的每一件工作，常常下班后还在办公室里研究商业文书的写法。

半年过后，我问徐朗："你现在大概什么都学会了，是不是准备辞职不干了？"

"哦，不是这样的。这几个月来，我觉得这份工作还是挺有意义的。当我学会的东西越来越多时，老板对我渐渐刮目相看，最近更是对我委以重任，升职、加薪，我都快成公司里的红人了。所以，我想我还是留下来继续发展，并不打算跳槽了。"徐朗高兴地对我讲道，再也没有说抱怨的话。

事实上，我早就料到结果会是这样。当初徐朗的老板不重视他，是因为他对待工作自由散漫、敷衍了事，又不努力学习业务，因此老板觉得他不会有什么作为。而后徐朗开始痛下苦功，改变自己，不仅工作态度变得这样积极，而且能力也获得不断的提高。他担当的责任多了，老板当然会对他刮目相看。

每个人的人生价值都是伴随着工作业绩得以体现。任何看起来华丽但无实际用处的外在因素，都不能够决定我们的内涵与价值，所以不要用抱怨来掩饰自己的失职。只要你不断地努力提高自己的价值，提升自己的业绩，你就能向大家证明自己的能力，进而从平凡走向卓越，成就一番大事业。

小结：

我们都不是圣人，不抱怨是不可能的。我们能做到的是少抱怨，多做事。将抱怨的精力和时间用来思考如何去解决问题，改变自己的现状，改变自己的思维，改变自己的言语，这就是让事业变好的转折。

所谓的不可能，只是不努力罢了

你是否有这句口头禅："我想做 A，但是我做不到，因为 B、C、D、E 种原因。"

这句话的意思是：你想实现某种目标，可是你在还没去做之前，就先否定自己，并给自己找了一堆无法实现的理由来说服自己。"我嘴皮子不利索，做不了销售员。""这件事情太难了，我不可能处理好。""别人都不行，我当然更不可能了。"……对于这些问题，你可曾想过，你到底是不可能做成，还是你压根就不想去做呢？

我认为，所谓的不可能，只是不努力罢了。

当全世界都认为中国是贫油国的时候，李四光却带领着他的地质队找到了一个又一个蕴藏丰富的油田，把"不可能"变成了"可能"，给了世界一个无比肯定的答案。当莱特兄弟在经营自行车行的同时，动手研制能在天空中飞行的飞机的时候，人们都说"不可能"。但莱特兄弟经过不懈的努力，飞机终于上天了，并且很快成了时速最快的运输工具。莱特兄弟把"不可能"变成了"可能"。

诸如此类的例子还有很多，其实这些都说明，很多事情之所以看上去不可能，只是因为我们消极地认定不可能而已。说到底，对那些看似不可能的事情，与其花费大把的时间和精力想东想西，借口多多，不如排除固有观念的束缚，去行动，去尝试，很多“不可能”都会变成“可能”。

一位作家曾这样说过：“选择自己的想法，你可以做到。改变自己的想法，你可以做到。如果必要的话，在一开始就充分运用你的想象力。你永远不会为此感到后悔。你从前认为绝不可能的事情会在你面前发生，你从前认为绝不可能的变化会出现在你的生活中。毫无疑问，你将获得一次重生的机会。”

事实上，每个人都不是生下来什么都会做，只有不断地努力，不断地学习，才能具备丰富的知识，提高自身的能力。许多成功人士不一定比你“会”做，重要的是他们愿意去尝试。谈个对象不知道合不合适，先谈谈试试看，真不合适再分开。接到新的工作内容，不知道能不能干好，先做着试试看……个人要学会游泳，就必须下水。每一次成功的开端都是一种尝试。当你真正开始做了之后，试着试着通常就行了！

N 年前，我的朋友姜小松以优异的成绩从上海一所重点高校的新闻系毕业了，但他却选择了一家广告公司去做房地产文案——这个和新闻不沾边的工作。在毕业之前，姜小松就已经在一家国家级一类媒体实习过半年，而且取得了不错的工作业绩。毕业后，他要想在上海这个媒体众多的地方谋得一份记者的工作应该不是难事。可是姜小松偏偏选择了广告文案这个职位。同学们对他的选择颇为不解。不少人问他：“你没有学过广告，又不了解房地产，能做好文案吗？”

姜小松说，他不知道该怎样回答这个问题，但是他觉得，在没有尝试过之前，真的不知道，至少是不能确定自己最适合什么。“生活和工作中的变化无处不在，无论如何，‘在一棵树上吊死’，决不会成为我的选择。”当时他看到房地产业非常火爆，市场很有前景，而且他对做广告策划和文案写作也情有独钟。既然如此，何不去试试？经过几次面试，姜小松终于如愿以偿成为一个广告人。

谁知，第一天上司就给了姜小松一个“下马威”，让他在两天的时间内写一份关于某一新楼盘的宣传海报。当时无论是经验上，还是系统理论上，姜小松都处于一种相当匮乏的状态。这样的任务对于他简直难于上青天。但姜小松没有给自己找各种借口推脱，而是答应上司一定做好这份海报。第一天上午他开始搜集这个新楼盘的信息，下午开始查询精彩的楼盘推广文案。无论是平面资料还是网络资料，于他来说都是很好的学习参考。晚上他写出了一份文案雏形。第二天上午，他主动和客户、设计人员沟通，描述自己的构思，询问对方的意见，这期间他多次修改、完善，最终交出一份富有创意性和思想性的楼盘推广海报，获得了客户和上司的一致好评。

梦想和现实是存在差异和距离的，排除偶然的不确定因素，多数原因只是因为我们不去做罢了。我们什么都没看到，就说别人不可能；我们什么都没去尝试，就说这事不可能。

讲到这里，道理已经非常明朗了。千万不要再推脱说自己不行，现在就马上开始纠正自己吧，具体就是把“我不行”改成“如果我努力，我就能改变”；把“那就是我”改成“那是以前的我”；把“那是我的本性”改成“那是我以前的本性”；把任何妨碍成长的“我怎样怎样”，改为“我选择怎样怎样”。

慢慢地，你会发现，你真的没有什么不可能的！

小结：

凡事不要问自己能不能，而该问自己要不要。一旦确定你想要的东西是什么，就可以立即付诸行动，不必再找任何借口。因为当你愿意采取行动时，你一定相信自己能够克服任何阻碍，也愿意投入足够的心血与付出来实现你的目标。

别把想法一直停留在嘴上

“我有一个 idea，价值千万。”这样的话我经常听到。但经历多了，相信每个人都会和我一样逐渐理解，idea 是世界上最不值钱的东西，行动才是最重要的。

有个男孩在我所在的一个作者群里很活跃，经常跟别人讨论一些写作计划与技巧。一天他在网上问我：“老师，我很想出书，可就是下不了笔，怎么办？”

我问：“你为什么下不了笔？是不是因为没有构思好，你写好大纲了吗？”

他发过来一个文件，跟我说：“我早就拟好了大纲。”

我看了下这个大纲，内容主要是关于创业的，有几个点写得还不错。对于这些爱好文学的人，我向来都是喜欢的，于是就鼓励他：“你写得还不错，按照这个大纲写下去。如果有需要的话，我可以给你把把关，还可以帮你联系几个出版社的朋友。”

男孩说了几句感谢的话，称以后再联系，就下线了。

后来等了很久，他也没动静，渐渐地我就忘了这回事。

直到一天，我在另一个群里看见这个男孩跟别人聊写作计划，说得慷慨激昂。隔着电脑屏幕我都能想象出他那一副激情满满的样子，于是忍不住问他：“上次说的那个写作计划怎么样了，我还等着看你的文章呢。”

男孩回答：“哎呀，最近我工作比较忙，经常加班，那个写作计划只能推迟了。”

我直接回他：“那你可以晚上写，或者周末休息的时候。”

他说：“晚上回家做饭吃，忙完就很晚了。周末还要逛街买东西，更没时间。”

我又说：“其实也花不了多少时间，你可以每天抽时间写几百字也行。”

他说：“写作又不是简单的事，有时我也没有思路。”

我每说一句话，男孩总有解释的理由，话聊到这个份上就无解了。

短短的故事，却蕴含着深深的道理，那就是：不去付诸行动，梦想再美都是白搭。

综观职场，我发现很多人，甚至包括我自己，经常豪情壮志，似乎有很大的报负和理想，也有很好的创意和想法。可是一个新的想法从诞生到实施需要不断地探讨、磨合、实践，有时要么是怕审批的麻烦，要么是担心自己的能力，要么是害怕承担责任，于是裹足不前，胎死腹中，机会一次次地流失。

比谈论一件事更好的选择是什么？永远都是“去做”。这是我多年混迹职场的重要经验之一。如果说想法是由很多个 0 构成的，那么行动就是最前面那个 1。当一个人习惯了夸夸其谈时，大脑会被“目标已经完成”的感觉欺骗，让你对自己感觉满意，因此缺少动力去付诸行动。这就是为什么每天大喊减肥的人还一直在胖着的原因。所以，一旦有了想法，我不会停留在嘴上，而是想应该怎么做。

当初踏入职场几年后，我总是想开始创业，做自己想做的事。但那时我又总是给自己找各种借口，比如条件不成熟、资金不到位、害怕失败等。直到后来我意识到，总是停留在思考层面或者考虑往后推迟一段时间，对于自己的事业丝毫没有意义，自己不知不觉已经松懈了很久。于是我终于下定决心开始实施。7 年前，我就开始了第一次创业，有失败，有收获，更重要的是有了开始。

为了更好地说明这一观点，我想在这里提一提罗伯特的故事。

8 岁那年生日，罗伯特收到了慈爱的祖父送给他的礼物——一副被翻得卷了边的世界地图。这幅地图大大开拓了他的视野，使他产生了非常多的愿望：到尼罗河、亚马逊河和刚果河探险；驾驭大象、骆驼、鸵鸟和野马；读完莎士比亚、柏拉图和亚里士多德的著作；谱一部乐曲；拥有一项发明专利；给非洲的孩子筹集 100 万美元捐款；写一本书……说到这其中的很多愿望，大多数人也曾有过，但也仅仅是曾经有过而已。要说到去实现它们，大多数人会望而却步，比如没有足够的钱。

罗伯特不一样，他儿时的梦想并没有随着时间流逝而消失。对于自己的梦想，他说干就干，没有半点儿犹豫。当得知罗伯特经济状况并不好，而且想用80美元来周游世界时，别人更是认为他疯了。但人们的冷嘲热讽根本动摇不了罗伯特的决心。他用一张纸写下了用80美元旅行所需要做的准备。例如，设法领取一份可以上船当船员的文件；考取一个国际驾驶执照；与一家公司签订合同，为之提供所经国家的土壤样品；同一家胶卷公司签订协议，可以在这家公司全球的任何一个分公司免费领取胶卷，但要拍摄照片为公司做宣传。

当罗伯特完成以上的准备之后，他就在口袋里装好80美元，兴致勃勃地开始了他的环球之旅。最终，他完美地实现了自己的梦想，让嘲笑他的那些人无地自容。

以下是他旅行经历的一些片断：

在巴黎，由于罗伯特提供了一份美国人最近旅游习惯的资料，他在一家高档宾馆享受了一顿丰盛的晚餐。

从巴黎到维也纳，由于他搭乘货车的司机在半途得了急病，已经拥有国际驾驶执照的他将司机送到了医院，并将货物安全地送到了目的地。货运公司非常感激他，专门派车将他送到了维也纳，当然是免费车。

在瑞士一家新开张的公司门口，由于公司用来拍摄庆祝照片的照相机出了故障，再去买新的已经来不及。恰巧在场的罗伯特免费为他们拍摄了照片，他们送给罗伯特一张到达意大利的飞机票。

罗伯特按照自己记下来的愿望去规划自己的行动。几年过去了，儿时的一个个梦想陆续地变成现实，最终他实现了106个愿望，成为一位著名的探险家。

碌碌无为与成绩斐然的差别，就在于你是选择说还是做。

“行胜于言”“言必行，行必果”“说到不如做到”，这些话都是说要想做成某件事，并不是说说而已，是需要自己付诸行动才可以实现的。说，永远比做容易。不论你有多么高的天赋，多么丰富的资源，多么聪明的头脑，多么完善的计划，多少人愿意帮助你，如果没有行动力，一切都是空谈。

不要再给自己找种种借口，将想法落实在行动中，这才是成功正确的打开方式。

小结：

那些想法和计划你为什么一直没有实施？担心事情不像自己预计的那样发展？担心缺乏支持、受到指责，还是害怕失败？无论是什么，注意力不要总是被担心和恐惧占据，勇敢地迈出第一步，你就成功了一半。

做更好的执行者，成为职场稀缺资源

在许多场合，我经常被一些人问到一个相同的问题：“你成功的秘诀是什么？”

对于这个问题，我从来没有正面回答过。因为我的确不知从何说起。首先我成功吗？如果我算成功的话，有成功的秘诀吗？后来被问得多了，我也不得不认真地想一想，在我人生的经验中可能是有一些事情做成功了，但同时也有一些事情做失败了。有些事为什么会成功，有些事为什么会失败？结论是，我所取得的每一项成绩都是执行到位的结果，所存在的许多不足也正是执行不力的后果。

执行的定义很简单，就是按质按量、不折不扣地完成工作任务。

曾经有人把执行力划分为四个层次，我认为十分可取：

第一层，领导让做什么，就做什么。

第二层，领导让做什么，先搞清楚做这件事的目标，争取高效地实现目标。

第三层，领导让做什么，先搞清楚这件事在团队整体目标中的价值，争取对团队整体目标有更大的贡献。

第四层，领导让做什么，不仅做好当前的事，实现个人目标、团队目标、符合公司战略，还能在执行过程中占尽先机、精益求精，让目标效益更大化，甚至超出领导预期。

很显然，第四层是最好的执行。

我这里还有一个大家耳熟能详的案例，不妨再拿出来重温一次：

甲和乙受雇于同一家店铺，拿着同样的薪水。可是一段时间以后，乙青云直上，而甲却仍在原地踏步。甲心有不满，于是跑到老板那里发牢骚。老板耐心地听完他的抱怨后，没解释什么，只是和颜悦色地说："你去集市一趟，看看今天早上有什么卖的东西。"老板说完后，甲立即奔向市场。

从集市回来后，甲向老板汇报说："今早集市上只有一个农民拉了一车土豆在卖。"

"有多少土豆？"老板又问。

甲挠挠头："您刚才没让我问这个。"

甲又跑到集市上，然后回来告诉老板说一共有 50 袋土豆。

"土豆的价格是多少？"老板再次问道。

甲再次挠挠头："您没说价格，我就没问。"

甲第三次跑到集市上问清价格回来时，半天时间已经过去了。

"好吧！"老板对甲说，"现在，请你坐在椅子上别说话，看看乙怎样做。"

随后，老板让乙去集市看看有什么卖的东西。很快，乙就从集市上回来了，一口气地向老板汇报说："到现在为止，只有一个农民在卖土豆，一共 50 袋，价格是每斤 2 元，多买的话还可以更便宜一些。土豆质量不错，我带回来一个，请老板过目。另外，这个农民一个小时后，还会运来几箱西红柿，价格也很公道。昨天我们店里西红柿卖得很快，库存已经不多，需要再进一些了。因此，我也带了一个西红柿样品回来，还把那个农民也带来了。他正在外面等您回话呢。”

这时，老板转向甲说：“现在，你知道他的薪水为什么比你高了吧！”

诸位，这就是执行的不同。虽然甲也在一丝不苟地执行命令，却并不能令老板满意，原因是他的执行并不高效，不是最佳的结果。那么乙呢？我只想说：乙的执行效率很高，他将老板的命令快速落实，并收获了最佳结果。

同样一个方法，为什么别人能快速成功，你却磕磕碰碰，到后面不了了之？为什么有些人看起来没那么辛苦，却很讨老板的欢心，屡屡得以提拔，你每天忙忙碌碌，却很少得到老板的表扬？为什么有些人能成为佼佼者，不停地创造奇迹，你工作多年却依然默默无闻，毫无建树？有些人此时可能会找许多借口，诸如自己时运不济，别人有眼无珠等。殊不知一切只因你的执行不力。

“这是一个最好的时代，这是一个最坏的时代。”这是英国批判现实主义小说家狄更斯曾经说过的话。这句话即便放在当今也依然时髦，在执行上更是如此。执行不一定成功，但比别人更快更好地执行，就一定会成功。这就如同赛跑，抢先跑在最前面的那个人，最后叫作“冠军”。

没有完成任务，我们抱怨任务太难，而自己已经尽力；上班迟到，我们会说交通太拥挤，路上堵车；考试不及格，我们会说出题太偏，根本就不是书本知识……我们总是在寻找各种似乎更具说服力的借口。然而，在人的一生中缺少的并不是借口，而是努力完成任务的精神，实实在在做事的态度。

我的朋友阿城是一家房地产开发公司的员工，该集团年销售额有几十个亿。当时与阿城一起进入公司的销售员一共有十几个，但两年下来，只有他升为分公司经理，薪水也从刚开始的两三千涨到了现在的过万。阿城是如何做到的呢？当我问及原因时，他和我做了以下分享。

一次阿城和朋友聚会时偶然听到一个内部消息，市政府有意向在市郊划出一块地皮，用来建经济适用房，以解决市内低收入者的住房困难问题。得到这一消息后，阿城便立即动用各种关系去求证这一信息是否可靠，同时还着手准备一些前期资料。他认为如果这个消息是真实的，那么一旦公布后，市政府就会公开招标，到时就会有多家开发商去投标。如果自己的公司先做好了准备，投标的胜算就会更大。

一些同事见了，不解地说：“阿城，你现在做的这些事，可没有人吩咐过你。”

有些人还劝说道：“如果那个消息是假的，你岂不是白忙一场，干吗自讨苦吃？”

还有些人摇摇头说：“整理这些资料太难了，你恐怕做不好。”

“这些都不是松懈的理由，再难我也要努力做好。如果那个消息是真的，我现在做的这一切不就非常必要，非常有价值吗？”阿城态度坚决地说。

三个月后，市政府果然公布了要在市郊南面划出一块地皮建经济适用房的城市规划。这一消息公布后，市里几家有实力的房地产开发公司立即忙碌起来，开始投标前紧张的准备工作，阿城所在的企业也不例外。就在经理紧急召集中高层管理人员开会，商讨竞标工作时，阿城拿着一摞厚厚的资料敲开了会议室的门，对经理说：“相关资料我已经准备好了，我们可以动手制作标书和做其他事情了。这样在时间上我们将会占有较大优势。”当时经理的反应是什么？又意外，又高兴。

在后来的竞标中，阿城所在的企业果然一举中标。在庆功会上，经理特地来到阿城跟前，郑重地代表企业向他敬了一杯酒，并宣布：阿城将被任命为部门经理。

也许你会说，阿城是幸运的，他只是主动做了一点事情，企业却给了他很多很多。事实并非如此，企业之所以重用阿城，不只是因为他主动收集的那些资料，对企业中标起到了促进作用，而是更看重他的执行能力。如今社会竞争激烈，速度就是效率，阿城没有找借口，而是比其他人都能快速地执行，工作效率更高。这样的员工不受到嘉奖、不受到重用，企业还会重用什么样的员工呢？

做更好的执行者，成为职场稀缺资源。

在我看来，大部分人不是没有能力，只是缺乏这种心志。其实就是差那么一点点，只要你执行时抢先一些，用心一些，我相信日后的所有情况都会发生改变。虽然你可能比不上金字塔尖上的牛人，但也能成为足够成功的普通人。你将会离成功越来越近，直到真正感受到“这是一个最好的时代”。

小结：

无论在什么工作岗位，人都要对自己的工作负责。有了自觉的责任意识之后，小事不再是懈怠的借口，困难不再是退缩的借口，就会全身心地投入到工作中去，就会发挥出超强的执行力。

今天找借口偷懒，明天终究会打脸

有一句话让我感同深受：“不成功是因为懒！”

懒，的确可以带来很多弊病。因为懒，好逸恶劳，有活不做，有钱不赚，所以不学无术；因为懒，游手好闲，不愿学习，不求上进，最终一无所成。在职场中更是如此，一个人如果总是懒懒散散，动作不迅速，手脚不勤快，那么将没速度、没业绩、没提升，最后必然是没出息、没成功。

我听过很多人抱怨，为什么别人行，我不行？为什么别人可以成功，我却没做到？要我说，四体不勤的人根本不可能成功。一开始雄心勃勃，最后却失败的人，都是因为懒惰。

这世上，再没有比一个人想要懒惰更好找借口的了。

比如，我每天中午坚持锻炼半个钟头。如果我想偷懒，我只需嘀咕一句：“今天有些累，歇息一下吧。”我的全身就会立刻沉重疲乏，昏昏欲睡。我每天晚上写作两个小时，假如我哪次想偷懒，我只需告诉自己："我今天状态不对，我的思路不对。"我就可以心安理得地看电视或躺上床。

一个人想要懒惰，总会有成千上万条理由站在那响应你、声援你、支持你。不过，残酷的是，如果你甘于懒惰，就要甘于失败。

亚历山大大帝是古代世界最著名的征服者。他于公元前 332 年打败波斯人，攻进埃及。战后，亚历山大大帝开始研究自己获胜的原因，战略、战术、军事实力……他觉得都不是，他目睹了这个民族的生活方式后，终找到了原因——波斯人生活堕落，他们厌恶辛苦的劳动，只想着舒适地享受一切。于是亚历山大大帝感慨地说："不是我打败了波斯人，而是他们自己的懒散打败了自己。"

一个民族懒惰成性，则民族奴颜婢膝；一个人好逸恶劳，最终也会无药可救。"少壮不努力，老大徒伤悲。"这句古话我们很小的时候就听说过。年少时我并不懂得其中的苍凉，直到这些年在社会上摸打滚爬，撞得南墙都要倒塌，才深深察觉这句话的真意，也意识到懒惰是我们成功路上的大敌。

刚上高中时我雄心壮志，给自己定下的目标是考入清华，再不济就是天津南开。年少轻狂总觉得事情很简单。那三年我学习没有比别人多努力，该玩乐的时候照玩不误，每天就这么得过且过，结果可想而知。我没能如自己所愿，虽然考上的也是 211 大学，但终究不是心仪向往的学府，内心难免生憾。进入大学后，我一开始还坚持早起背单词，晚上上自习，周末泡图书馆的计划，但很快就发现，大学没有繁重的课业，没有紧张的课程，更没人时刻监督，渐渐地我的身心轻松了下来，上课聊天，下课聊剧，除了吃吃喝喝就是买买买。期末考试有老师提前划重点，忙个三五天背一背即可。不可否认，大学前两年我过得很轻松，但很快我就意识到这种懒散生活的危害。

一位师哥临近毕业时在找工作。我陪同他跑了不下几十场的校园招聘和社会招聘，见到不少人那些动辄四五页、七八页的履历介绍，我绞尽脑汁地回顾自己的大学生活，却连一整页都凑不齐。考试屡次挂科、英语四六级通过遥遥无期，证书也没拿到几个，于是原来的轻松变成了如洪流倾泻般的慌乱无措。之后的两年，我从未过得如此艰辛而煎熬，也从未过得那样忙碌而焦虑。每天早上不到六点就起床，一个人跑到学校的湖边啃着生涩的专业生词。再也不敢一下课就宅在宿舍里刷电视，而是报考了几个含金量高的证书考试。晚上熄灯后，在被窝里打着手电看书，直到眼皮打架才睡觉……即使我这样追赶，还只来得及在毕业的时候不至于太难看。

大学毕业时，我深深体会到“一毕业就失业”的无奈。一开始我连大型超市的管理员都竞争不上，因为同批竞争的大学生太多了。租房、吃穿、坐车……那时候，身上的每一分钱都要掐着手指头算。为了补足生活费，我曾在街道上发过传单，在贴吧上发过广告，还帮培训班做过招生工作。辛不辛苦，当然辛苦；累不累，十分累。当初的轻松悠闲，全部变作了今日的举步维艰。尝试过了这一段不努力便费力的日子，自此我再也不敢对生活掉以轻心，也逐渐凭借辛勤的努力过上了想要的生活。

懒惰是导致个人平庸的重要原因，就像台湾著名主持人蔡康永说的那样：“15岁觉得游泳难，放弃游泳；到18岁遇到一个你喜欢的人约你去游泳，你只好说我不会耶。18岁觉得英文难，放弃英文，28岁出现一个很棒但要会英文的工作，你只好说我不会耶。人生前期越嫌麻烦，越懒得学，后来就越错过让你动心的人和事，错过新风景。”因果报应真的是恒久存在的真理。

曾以为的无忧无虑和轻松，不过是逃避辛苦的借口而已。而一个人越找借口偷懒，越没有选择的机会。而所有偷过的懒，都会变成打脸的巴掌。

“业精于勤，荒于嬉。”想想你自己有没有懒惰的时候，清晨来临的时候，本来计划出去慢跑锻炼身体，但是你却犯懒，选择躲在被窝里虚度光阴；本该兢兢业业地完成自己一天的工作，你却选择在玩游戏、聊天、偷懒中度过；明明可以做好一件事情，却害怕辛苦，而推脱不做……如果有，那么你要小心了！

人难免都会有一定的惰性，当下心里的旁白大多是：“不过就是偷懒一下，应该没有什么关系吧！”当这样的想法入侵大脑时，请及时提醒自己——日本索尼（SONY）的创始人盛田昭夫曾说过这样一句话："如果你每天落后别人半步，一年后就是183步，十年后就是十万八千里。"这个数字是不是很惊人？

醒醒吧，勤奋的人从不给自己找借口喘息。

有一次，有人问小提琴大师弗里兹·克赖斯勒："你怎么演奏得这么棒，是不是运气好？"弗里兹·克赖斯勒微微一笑，回答道："这一切都是练习的结果，我坚持每天都练琴。如果我一个月没有练习，观众能听出差别；如果我一周没有练习，我的妻子能听出差别；如果我一天没有练习，我自己能听出差别。"

要学习那么多课业，要掌握那么多技能，要考到那么多证书，要加班加点，要熬夜苦读……现在的你或许真的很辛苦，但请记得告诉自己，不给自己的懒惰找任何借口，自觉地勤奋起来，努力起来，学到的知识和技能，总归全部属于自己，现在的努力都是为了以后能有更多可以选择的机会。

天才是百分之一的灵感，加上百分之九十九的汗水。既然下定决心要做人上人，就不要为自己的懒惰找借口。别忘了别人都在你看得见或看不见的地方努力着。也许你和你的工作都很平凡，但只要你不偷懒，够勤奋，数年如一日地付出心血和汗水，你就有机会迅速地成长和进步，成为不可或缺的人才。

小结：

凡事都有一个积累的过程，成功不可能一蹴而就，勤奋通常也不会带来立竿见影的改变。但请相信，勤奋和努力一定不会白费。因为每一天的勤奋所带给我们的，不仅仅是知识和能力上的收获，还有意志和品质上的锻炼。而这些都是不能拿"是否已经成功"这个标准去衡量的。

裹足不前就是最大危机

在职场中，每个人都想要获得成长，想要实现人生的理想。但成长就像是一场登山之旅，漫长而又艰辛。有些人总是犹犹豫豫，前怕狼后怕虎，还没出发，就吓得裹足不前，渴望着又害怕着，让恐惧在成长的路上设下一个个障碍，把自己弄得心力交瘁，疲惫不堪，还是没有迈出一步，最终亲手把路堵死。

一天，有人问一个农夫是不是种了麦子。

农夫回答："没有，我担心天不下雨。"

那个人又问："那你种棉花了吗？"

农夫说："没有，我担心虫子吃了棉花。"

于是，那个人又问："那你种了什么？"

农夫说："什么也没有种，我要确保安全。"

这个故事听起来很可笑，但现实生活中多少人为了维护自身安全和既得利益，惧怕行动，不冒风险，求稳妥，怕失败，不敢去做哪怕是一点点的尝试。这种行事风格虽然可靠，虽然平稳，给人一种安宁和踏实的感觉，却难免畏首畏尾。如果一个人在职场上的主要目标就是安全，那么将注定一事无成。

这个世界上唯一不变的就是改变，周围环境从来都不会有绝对的安全。如果你觉得安全了，很有可能开始暗藏危机。

我这样说绝对不是危言耸听，而是事实存在。

老郑是我的一个远房表叔。他曾经是我认识的亲戚朋友中工作最为稳定的一个。他在东北一家大型国有企业（简称L集团）工作了整整20年，而且从来没有换过工作。L 集团的主营业务是生产加工硬质合金，在二十世纪八九十年代，由于产品需求量较大，客户涵盖机械加工、冶炼、钢铁等行业，算得上是当地效益最好的企业之一。当年表叔从一所职业技术学校毕业后如愿被分配到了 L 集团做技术工人，每个月能拿到在当地属于中等偏上水平的工资。他对此觉得满意极了。

不过好景不长，当从计划经济转轨为市场经济后，南方一些公司在生产线上开始采用全自动的机械手，实行自动加工、自动装捡，一个工人可以管五六台机器，效率非常高。而且他们对市场需求反应快，机制灵活，在价格和效率上比 L 集团更有竞争力。而 L 集团的生产线采用的仍然是手工操作，服务跟不上，质量跟不上，价格又偏高，使得效益越来越差，陷入产量越多亏损越多的怪圈。表叔整天跟人诉苦自己赚钱少，发展难，说自己混得不好，过得没有意思。

当我建议表叔到南方学习新技术时，他点点头，又摇摇头："学那些做什么，国企就是这样，饿不死吃不饱。而且那些工作太具挑战性了，恐怕我也吃不消！"表叔每天机械地上班下班，早八晚四。"有时候领导要我们做一些创新的事情，我直接跟他说我不会，我老了。"表叔苦笑。这样的日子持续了两三年，后来单位因效益问题准备裁员，不幸的是表叔的名字就在裁员名单上。

裹足不前是最大的危机，因为追求安全感是最累的，它不仅会消耗你的注意力，还会不断地打击你的自信心，让你焦虑不安，无法正视眼前的工作。

事实上，每一个选择都有不确定性，也必然会存在一定的损失。比如恋爱，当我们选择去爱一个人的时候，我们有可能会面临对方并不爱我，甚至欺骗、谎言、背叛的结果，那我们就选择不爱了吗？比如友情，当我们去敞开胸怀拥抱一段友谊时，我们有可能会面临争执、分歧、误解，那我们就孤独终老吗？比如工作，当进入一个新的工作环境或工作岗位时，我们有可能面对陌生的同事和团队，听不懂的术语和交流方式，持续的摩擦和磨合，那我们就永远不在工作上做出任何改变吗？

我接触过一些本科毕业生，在和他们聊天的过程中，很多人提出这样一个问题：“为什么在大学时候看起来都差不多的同学，毕业一两年后差距就那么大呢？”

这时，我会反问一句：“当有机会学习一项新技能的时候，你会是什么态度？”

据我观察，总有一些人会问：“学这东西有什么用呢？”很可能，这些人永远不会知道学习新技能对他究竟有什么用处，因为他从未拥有过那项技能，不可能有机会亲身体会。随着时间的推移，也许有一天，他会遇到一点尴尬，这时候他可能会慨叹道：“当初我要是好好学就好了。”然而，这对于他来说，仅限于慨叹而已。再次遇到学习机会的时候，他依然会找各种借口逃避或放弃。这样的结果是，不会的新技能永远不会。多少年之后，他依然是原地踏步。

与之相反，有些人从来都不曾问：“学这东西有什么用呢？”管它呢，学呗，学了总有用处。他们自顾自地去学习，然后自然而然地找到了那项技能的用处，享受其已有技能所带来的种种好处。于是，这个既有经验成为他们心智的一部分，也让他们理解并相信“技不压身”的道理。下一次遇到新的学习机会时，他们从来不会找借口退缩，而是勇敢地前行，毫不犹豫地打破了目前的稳定，去尝试另一种可能。于是他们得到了一个个更完美的结果，这就是勇敢者的人生。

在朋友们眼里，黄薇似乎是一个无所不能的女人。因为无论是职场中，还是生活中，没有她办不到的事。她有一口流利的英语，获得过市级游泳比赛冠军，总是不经意就惊艳众人。当我问及她如此成功的原因时，黄薇说：“如果裹足不前，你就永远无法破茧而出，迈向新世界，开始新生活。而这一切，只需要你有一点点勇气。”

黄薇大学学的是英语专业。那时她是宿舍英语水平最差的那一个，尤其是口语，说得不洋不土的。舍友们经常会开她玩笑，有时也会为黄薇好，让她多说，帮她纠音。但那时候黄薇还是不愿意说英语，结果因为英语成绩差，错过了几次好的工作机会。黄薇痛定思痛之后，决定改变自己。她先在网上交了几个国际朋友，坚持每天和这些朋友语音聊天。她听不懂的话语就反复听，并诚恳地向大家求教。渐渐地她的英语水平提高了。由于英语交流能力强，黄薇如愿进入了一家外企。在那些海外客户面前，她毫无惧色，谈笑风生。“现在我更敢说英语了。要是我早一点觉悟，或许现在会更好。”

这件事情对黄薇启发很大，让她意识到，人只有改变才能变得更好。

三年前第一次看到大海时，黄薇特别想学会游泳，但她担心学不会，被朋友嘲笑，还有穿着泳衣会尴尬。但是当她大胆地与朋友一同去游泳池的时候，这些事情都没有发生，没有尴尬，没有嘲笑。黄薇一开始对水有点恐惧，不敢闭气下去，但是慢慢地尝试闭气以后，两个小时左右就可以闭气游泳了，用了两天的时间，可以坚持游七八米了。为了学会游泳她喝了很多池水，被水呛了无数次，但是她游得越来越好。和她一起开始学游泳的有一位女士，因为害怕呛水，至今还未能游泳。

我们必须接受这个现实：职场没有绝对的安全和稳定，职业发展需要的是连贯性，需要的是有效的竞争力。要改变，肯定是宜早不宜迟，否则自己拿什么和更年轻的大学生竞争呢？改变不一定会有好结果，但是一味地裹足不前，那么连最起码的改变机会都不会拥有，就是“坐以待毙”！

小结：

任何强大的公司都不会给员工安全感。真正的职场安全感是靠自己努力争取的。当公司给你提供了广阔的发展空间以及坚实的后盾后，接下来就需要你负责努力奋斗，成长进步，尽情发挥自己的能力了。

情绪失控不是失职的理由

职场中最能获益的心得是什么？我会回答：情绪管理。

观察职场周围，我发现，有人一旦工作失误受到批评，和客户谈判受挫，甚至是和同事之间发生不顺心的事都会影响到他，并因此产生烦躁、气愤等情绪。然后，他就把这些当作借口，稍不留神就带着情绪工作，对工作拖拉应付起来……这样的员工是没有前途的，因为他们已经沦为情绪的“奴隶”。

许柯是我曾经所在单位的一位同事。有一段时间他的工作进展很不顺利。原来老板让他重点发展一位重要客户，他却因手头信息掌握得不够，败给了另一家竞争公司，客户被对方抢了去。老板得知情况后非常生气，当众严厉地批评了许柯一顿。许柯本来就很懊恼，被批之后更加气愤，还满腹的委屈：“我在单位任劳任怨多年，没功劳也有苦劳啊。老板为什么不给我留点儿情面？”许柯的心情糟糕透了。他又碍于面子不愿意和别人诉说内心的苦闷，只得闷在心里。渐渐地，他的工作态度变得消极起来，而且一进办公室看着什么都觉得烦，时常因为鸡毛蒜皮的小事对同事横加指责。

谁愿意和一个整天抱怨不断的人共事呢？渐渐地，周围的同事也开始与许柯疏远起来。这让许柯的内心更是备受折磨，整天愁眉不展，甚至对工作产生了抵触情绪。他的工作没有一点儿起色不说，还时常出现错误。最后他被开除了。对此许柯一直耿耿于怀。但他依然用借口敷衍自己：“如果当初老板给我留点儿情面，不要太影响我的情绪，一切就不会这样糟糕了。”

你有过与许柯类似的经历吗？反思自己在办公室里的言行，想想自己有没有过情绪失控的时候：“烦死了，这工作又繁琐，又浪费时间，不想干了！”“路上等车跟人吵了一架，一上午了还没平静下来，看谁都不顺眼！”“孩子病了，没法安心工作，手头上的工作怎么这么多呀！”很显然，情绪失控严重影响了工作的效率。

当一个人的情绪变坏时，往往会影响他的某些行为，比如他可能想找一个地方发泄。身处职场中，这种发泄的出口可能会是同事、下属，甚至是自己的工作内容本身。如果我们不能很好地控制自己的情绪，而是去寻找自己的“出气筒”，把不良情绪传染给别人或者带着情绪对待自己的工作，就会让更多的人陷入到坏情绪中来，或者使自己的工作成果出现偏差。很显然，这两种结果都是不好的。

“人非草木，孰能无情。”现代职场中竞争日趋激烈，无论是刚刚参加工作，还是工作多年的人，在职场上遇到一些烦心事在所难免，也总会伴随着情绪的起起伏伏。但如果把情绪失控作为失职的借口，那么难道工作要等到我们心情好的时候才去做吗？大厨不开心了，就在顾客的菜里多加一把盐；老师的情绪不好，就教学生“1+1=3”；制造汽车的工人情绪不佳了，就给汽车少装个轮胎……

如果说职场最不相信的是眼泪，那么最可怕的应该是情绪失控，这是每个老板都忌讳的。当初我创业招人时就有一条硬性标准——太情绪化的员工不能要。因为我每天需要同时处理很多事情，需要为事情的进展及结果负责，而不是为员工的情绪埋单。我甚至无暇顾及到严厉的批评和无情的否定对一个人造成的伤害。我需要的是一个能够不断完成新的目标以及能够管理自己情绪的高效团队。

所以，你可以有情绪不佳的时候，但绝对不能以此为借口懈怠工作。你需要学会调整自己的情绪，即不轻易受外界环境的影响，时刻保持认真的工作态度，要以极大的责任心对待工作，有效保证工作效率和工作质量。在这方面，我概括出一句话：“平庸的员工被自己的情绪所控制，优秀的员工控制自己的情绪。”

如何控制自己的情绪呢？下面教给大家几个调适自己情绪的方法。

搞清楚情绪波动的原因

职场中的情绪波动是正常的，不要回避，不要逃避，因为“情绪如潮，越堵越高”。你要训练自己像局外人一样观察自己情绪波动的心理，正视它、体验它、接受它，你才能明白是什么正在困扰着你，然后着手想解决方案，心平气和地做自己该做的事情。为此，你需要问自己几个问题：

问题出在什么地方？

这件事很重要吗？对自己有什么影响？

是自己真的不能承受事实吗？还是被自己想象的结果吓着了？

你对目前形势有多大的控制权？

……

比如，老板突然给你安排了一项必须完成的紧急任务，你一时感到紧张不已。这时，你应该首先稳住自己的情绪，不必紧张，也不要急于求成，以免乱了方寸，进而冷静地对工作上的困难做一下分析，是因为时间太紧？任务太重？自身能力不够？还是其他什么原因？找出原因后，再制定相应的应对方案。

搞清楚情绪波动的原因，把注意力放在有用的行动上，才不会被无用的情绪所操纵。

做一做深呼吸

情绪是可以管理的。激怒时要疏导、平静；过喜时要收敛、抑制；忧愁时宜释放、自解；思虑时应分散、消遣；悲伤时要转移、娱乐……如果形势已经超出了你的控制能力范围，或者这个事情并不重要，你不妨做一做深呼吸，缓和即将爆发出来的情绪反应，使自己精力集中地应对面前的事情。

具体做法是：

自然坐下，全身放松，两臂自然下垂，闭合双眼。

吸气，约持续吸气 6 秒钟，注意绷紧身体，让空气慢慢地流经你的腹部，然后到你的肋骨，在头脑中反映出数字，在呼气时说“放松”，并在头脑中再现“放松”这个词。

发出嘶嘶声，呼出你吸进的气，而且轻轻地说声“放松”，让身体尽量松弛下来，然后有节奏地呼吸 20 秒。

注意，要把注意力集中在呼吸上，静听空气流入、流出时发出的微弱声音。这样连续数下去。呼吸节奏要慢，直到感觉到镇静为止。

你也可以铭记成功学大师奥格·曼狄诺的一段话，以此来提醒自己控制情绪。

我心中像一只轮子不停地转着，由乐而悲，由悲而喜，由喜而忧。

今天，我要学会控制情绪。

对于自己千变万化的个性，我不再听之任之。我知道，只有积极主动地控制情绪，才能掌握自己的命运。控制自己的命运，就会成为世界上最伟大的推销员！

我要学会这个千古秘诀：弱者任思绪控制行为，强者让行为控制思绪。

我要成为自己的主人，我由此而变得伟大。

一直坚持做下去吧，这会给你带来诸多益处的。

小结：

很多人之所以容易情绪失控，根本原因是没有建立稳定的自我体系价值。以客观和冷静的态度分析自己，对于自己有一个清晰和稳定的认知，可以使自己变得更加理性和更加强大，如此一来，情绪就不容易受他人影响。

第二章

无人赏识？因为还未展现核心竞争力

当你总是被质疑，被否定时，别动不动就说自己无人赏识、怀才不遇等，这其实是最拙劣的借口。人才是需要价值来体现的。在你尚未展现出核心竞争力的时候，你的不遇一定是因为不才。切记，没有人会赏识一块烂木头，你要努力让自己开出花来，才有资格要机遇、要好运。

如果你是老板，是否会雇佣现在的你？

面试时，我们经常被问及：“你有什么能力胜任这份工作呢？”毫无疑问，我们自己拥有多少能力是我们的价值所在，是我们能否被应聘单位选中的砝码。

每一个物品都有其固有的功能，能够满足人们某方面的需要。人们去商场挑选某种物品，证明这件物品能够满足人们的需要，能被人们使用。比如，服饰具有御寒、遮羞、装饰等作用，穿衣服让我们看起来更文明，更美观；房子是安身立命之所，买房子是为了拥有更多的幸福感和安全感等。

公司需要的人才也是如此。公司招聘某方面的人才是公司需要，或者说这个人才满足了公司的需要，能够为公司创造价值。公司以盈利为主要目的，任何老板都不可能将工资发给一个不为公司提供服务和创造价值的闲人。当然除非公司是你家的，或者你家亲戚的，给你绝对的自由。

所以，每当听到身边有人因公司待遇低、福利差为借口懈怠工作时，我都想如此追问一番：你为公司创造了多少价值？提供了多少服务？扪心自问，如果你是老板，你是否会雇佣现在的你？倘若你为公司创造的价值少，付出的劳动少，一直这样浑浑噩噩地混日子，混口饭吃，那就不要抱怨公司的待遇差了。如果真如你所说，你的付出和收获不成正比，那么，你留下来的原因是什么呢？是为了磨炼自己，还是积累经验？或者熬到有一天，有人离职或退休了，你再补上去？还是说你暂时没有更好的去处，只能在现在的岗位上磨时间？无论哪种情况，既然看重公司的优势，那就好好干，为自己镀金。

千万不要以诸上这些理由为借口，意图在公司混日子。因为你在公司混日子，你能黑老板多少钱？偷奸耍滑，消极怠工，这些都是骗不过老板的，你怎么去让老板重用你？你不好好工作，荒废了几年，几年后你怎么办？那时候，你觉得你有竞争力吗？年轻时候吃苦不算什么，老了还要吃苦，才是最可悲的！

讲到这里，我们不妨来看一则有趣的寓言故事：

有一个商人做各种买卖，只要能赚点钱的生意，他都会做。有时是贩卖布匹、珠子，有时是贩卖水果和新鲜蔬菜。为了免去到处徒步的奔波之苦，商人买了一匹白马、一匹黑马，让它们各自驮着一些货物走乡串村，每天四处奔走。白马尽职尽责，拉得很好；而黑马却常常停下来左顾右盼，待商人打几鞭子才肯走。

商人见黑马总是走在后面，就把黑马身上的一些货物挪到白马身上去。黑马见此心中一动，故意走得更慢。渐渐地，商人把所有的货物都搬到了白马身上。终于不用驮货物了，黑马心里偷着乐。谁知商人却找到一位屠夫，对他说：“既然只用一匹马拉货，我还养着两匹马干吗？不如好好地喂养这匹白马，把这匹黑马宰掉，我总还能得到一张皮吧。”黑马恍然悔悟，但是已经太晚了。

俗话说，不想当将军的士兵，不是一个好士兵。同样的道理，不想升职加薪的职员，不是一个好职员。在职场，当你看到别人升职加薪，自己却一直停步不前时，你心里作何感想？是怪你自己没努力，还是怪领导不识货？升职加薪的好事轮不到你的时候，你就要反思，你的价值是否体现了出来。

人们总期望有天上掉馅饼的美事儿，希望能少劳多获，甚至不劳而获。但这样的工作是不存在的。每个岗位都有其存在的意义。既然公司雇佣你，发给你工资，理所当然地，你就要在这个岗位上兢兢业业，努力把应做的事做好，体现自己的一份价值，让老板每天都能见到你做事的成效。

我曾在一家证券公司的信息部担任资料员。那时我就已经认清公司不养闲人的事实，而且我们是有绩效工资的。因此我工作得很努力，也做好了吃苦的准备。但令我不解的是，同部门的同事阿君却似乎整天无所事事，我经常见他坐在工位上慢悠悠地喝咖啡，或是戴着耳机悠闲地听音乐，而且一直没被老板开除。

当时我想，老板和阿君非亲非故的，没事养着这么一闲人，真傻。

一天阿君正在怡然自得地听音乐，忽然老板来了。我真担心老板会责怪他，可老板却笑着拍拍他的肩膀，然后说道：“你来一下，会议室的投影仪出现了故障。”阿君一下子从椅子上跳了起来，脚步匆匆近乎一路小跑来到了会议室。里面有公司的几个董事正焦急地等着开会。阿君检查了一下机器，说问题有些严重，但他有办法。说着他就一个人忙开了，十分钟后投影仪恢复了正常运行。

大家纷纷对阿君竖起了大拇指。后来我得知正是由于阿君判断故障准确，处理故障及时有效，为公司挽回了近百万元的经济损失。我猛然意识到，老板原来并不傻。养兵千日用兵一时。虽然平时阿君每天看起来无所事事，但仅仅这次阿君为公司挽回的经济损失，不知道是他年薪的多少倍呢！

当你消极散漫的时候，当你力不从心的时候，不要找各种借口抱怨，不妨站在老板的立场上，扪心自问：“你愿意聘请现在的自己吗？”客观地看待自己的工作及态度，你真的优秀到足以征服那个作为老板的自己吗？或者你值得拥有比现在更好的吗？如果非常乐意，那就继续这样做下去。

如果你现在的答案还不是很坚定，没关系，有句话说得好：“努力从任何时候开始，都不晚。”从今天开始，反思你自己当下的行为，发扬工作中好的地方，不好的地方努力改正，好好做好自己的本职工作，做好与自己相关的事情。当你能力足够强时，如果老板还不给你升职加薪，你还会继续在当前的岗位干吗？答案肯定是不会。说不定到时候，早都有别的公司向你伸出橄榄枝了。

小结：

在工作时，你的价值体现在哪里？你为公司创造了什么价值？这些是老板最关注的。如果老板看不到你的价值，自然也想不到给你升职加薪。所以聪明人永远不会浑浑噩噩，而是踏踏实实地努力，反省自我的缺点，完善自己的能力，不断地提升自身价值。

通过复盘增强取舍意识

小时候，父亲就常跟我念叨：“你一定要好好长本事，最起码要有一技之长。一招鲜，吃遍天。”那时有些不以为然，等到上班之后我才真的领悟到“一招鲜”至关重要。

我的朋友在北京经营着一家国际大饭店。有这么一个很不起眼的小伙计，他既不会炒菜，也不会做饭，只是给大厨打打下手，做一些洗菜择菜的工作，有时帮忙端盘子上菜。不过他却深得厨师长和朋友的重视。为什么？这个小伙计有自己的一手绝活，就是做苹果甜点。这个不起眼的小菜酸甜可口，营养丰富，深得那些女食客的喜爱。甚至有人为了能吃上这个甜点在饭店里租了一套客房。

我曾在某培训公司上班。我的一位女同事学历不高，经验也匮乏，但她做 PPT 的水平很高。每次她去企业做培训客户都很满意。她也因此特别受领导的重视和肯定。我一开始有些不服气，难道就因为她 PPT 页面做得好就要比我强？对此，我记得经理说过这样一段话：“你认为 PPT 没难度是吧？那你为什么不分分钟做得比她好？你以为做 PPT 只是无聊地展示材料？这里面需要对业务的深入理解、清晰的逻辑思维、高素质的审美，不然我们为啥动辄雇 MBB 花上千万搞个项目？”

出色员工的与众不同之处在于，一招鲜，吃遍天。尤其在这个越来越职业细化与专业化的人力市场上，一个什么都会一点儿的人，等同于什么都不会。所以，不要再以怀才不遇的借口宽慰自己，想要从人群中脱颖而出，那就通过复盘增强取舍意识吧。我所阐述的取舍，不是减少自己个人资历上的内容，而是通过全方位地审视自己，发现自身与众不同的独特优势，或在一到两个专业方面有独到的技术和见解，这就足够一个人在职场上纵横驰骋了。正所谓，招术不在多，制敌即可。

很多人也正是凭借自己的一技之长，成为人所共知的成功人士。

王标是我在大学时的一位同学。他学的是平面设计专业。但他的空间想象能力不好，性格大大咧咧的，在电脑前老是坐不住，因此专业课成为了他的噩梦。连老师都说："你这样可怎么办啊？估计以后找个工作混个温饱都困难。"王标知道自己在本专业是很难有所建树了，干脆直接跑到法学院旁听去了。后来我经常见他一个人拿着《民法》背法条。当时我们都认为他已经是破罐子破摔了。但后来大学毕业时他居然考过了号称"天下第一难"的司法考试，并顺利地进入了一家律师所做实习生。王标性格好，人脉广，业务越来越多，后来干脆自己开了一所律师所，现在小有名气。

想做理想的工作，可是却没有一技之长，这是很多人的悲哀。要想改变自身的命运，你需要手里抓住一根绳子，哪怕是一根草，才有可能把你拉出来。绳子越结实，你抓得越紧，你获救的希望就越大。当你真正拥有了一技之长，你的生命或许会出现很大的不一样。那一技之长，就是把你拉出泥潭的绳子。

这个世界是不平等的，因为每个人出生后，所拥有的东西都不一样，家庭、背景、资源等。但是它又是平等的，因为这个世界运转规律很简单。你能够为他人创造价值，你就能获得相应的回报。而你能为他人创造价值的依托，就是你的一技之长。你拿得出手的本事，就是你在竞争中取胜的本钱。

人生真正有价值的东西，是质量，而不是数量。

我们再来翻翻《财富》世界500强企业的简历：物流快递类第一名是UPS公司，UPS发展到今天脑子只有一根筋——用最快的速度把包裹送到客户手中，UPS就把业务做到了全世界；世界第一强、零售业的老大——沃尔玛自始至终只做零售，钱再多都不买地，从不去做房地产，只走一条路；沃伦·巴菲特专做股票，很快做到了亿万富翁；乔治·索罗斯一心搞对冲基金，结果成了金融大鳄……

问问自己，在未来的十年甚至几十年的职业生涯里，你是否有与众不同的技能，能够让你在未来的发展中立于不败之地？如果还没有，那就潜下心来，好好钻研打磨，一路坚持修炼下去，总会有所收获的。也希望修炼还不到家的朋友，能够沉得住气，继续修炼，总会有一天能达到一剑封喉的境界。

小结：

人无我有，人有我优，身怀长技，走到哪里都是不可多得的人才。我们需要做的是，选择一件自己擅长或者喜欢的事，全身心地投入，长时间坚持不懈地学习和训练，重复，重复，再重复，直到它成为你的“一招鲜”。

不想做职场弃子，你要做到不可替代

央视著名主持人白岩松说过这样一段话：“一个人的价值、社会地位，和他的不可替代性成正比。”也就是说，一个人在他所工作的领域内，越是无可替代，收入就越高，社会地位也就越高。相反，一个人如果在他所工作的领域内，可有可无，无足轻重，那么他的收入肯定就会很低，社会地位也就无从谈起。

所以，当你没有获得上司足够的器重，当你工作多年薪水依然微薄时，不要再找“公司不重视我”“我没有好机会”等借口。你要想想到底是公司不给你机会，还是你没有值得器重的价值。如果你在组织中是一个可有可无的存在，一直默默无闻，随时都可以被别人代替，那么公司裁员时第一个人选自然就是你。

在多年的工作经历中，我发现一个现象，每次单位需要人员调整的时候总有那么一两个人被不停地调来调去，从 A 部门调到 B 部门再到 C 部门，就像我曾经的一位同事小宇。一起进单位的同事，有的成为业务骨干，有的成为部门主管，只有他还在原地踏步，而且有一年先后被调整了五次岗位。“为什么我的努力别人看不见？”小宇痛苦地说。我一开始很同情小宇的遭遇，但和他共事过几天之后，我明白了其中的原委，也觉得这样的遭遇其实都是他自身导致的。

小宇虽不是名校毕业，但好在很刻苦、很勤奋。那段时间我们部门特别忙，大家都在加班，他就跟着大家加班加点地工作，给我的印象还不错。但相处几天之后，我发现他的写作能力平平，不善于表达自己，很少主动和别的同事接触或讨论工作。有时我们征求他的一些建议或意见时，他都会笑着说自己刚来，什么都不懂。当有人提出一个新建议时，他总是附和着说好，但具体哪好，他也说不出所以然……总之，几乎看不出他相比其他同事有什么过人之处。换句话说，他对于我们其实是可有可无的。有他没他其实对于公司来讲都大同小异，毕竟想挤入这家公司的人那么多。

没几天，我们部门来了个实习生小阳。小阳虽然写作能力也有待提高，但他是一个工作很主动的人。哪怕实习期间，他也会在开会的时候大胆发言。而且他的审稿水平很不错，经常能帮我们找出稿件中不易察觉的错别字。有时候，他还会提供一些好的创意，以此充分发挥自己的聪明和才智。这样的人，自然不会被人忽视。他明朗的笑容和落落大方的处事风格，更是获得了同事们的认可。当时正好单位有一个新项目需要从各部门抽调一部分人，我们部门领导“顺水推舟”让小宇去了新的项目部。

我们为什么宁愿留下实习生小阳，也不愿意留下“老员工”小宇呢？因为小宇就是工作中典型的“可有可无”的那类人。小宇各方面的能力平平，只能被调来调去，又因为不断调整岗位，想深入了解一项工作更是难上加难。所以一个新来的实习生都可以轻而易举地取代他。小宇加薪无望，升职更无望。

没有文凭，没有经验，就注定不被赏识？就注定一事无成？我告诉你，这些都不是最主要的。你只需要一样能让自己发光的技能。你要在自己负责的工作范围内找到那个至关重要的环节。也许这个环节就会让你成为组织不可或缺的人，让组织对你产生依赖，失去你将会是很大的损失。

周围的朋友总是不断地告诫我："懂得巴结老板，才能步步高升。"但好玩的是这些朋友晋升总是没有我快。一年半的时间，我从一名员工快速晋升为一家分公司的经理，这期间我从没想过在职场上还有巴结老板这件事。所以大家都怀疑我是职场政治的高手。其实我从来不搞职场政治。应该这样说，我根本不知道职场政治是什么。在我看来，我只是让领导知道了我的价值罢了。

问题来了，我的价值是什么？换句话说，我的优势是什么？

比如，我有坚实的管理基础。专业学习积累下来的关于管理的各种理论，我理解得已经很透彻了。所以无论是客户的咨询案例，还是公司内部讨论，只要涉及到管理方面的问题，都会听一听我的意见。怎么让他们知道呢？我在面试的时候反复强调了这一点，并且一入职就申请参与了一个管理知识培训班，很快就拿下了专业的证书，从此在公司里树立了专业知识过硬的口碑。

一旦让老板知道了你的专业特长，尤其是像这种特别知人善用的老板，那么从此你就会有越来越多的任务，而且任务的级别会越来越高。我工作不到一年的时间，先后参与了大大小小的项目二十多个。有的项目我从头跟到尾耗时三四个月。有的项目是十分紧急的，但我加班加点也会克服种种困难保证按时完成。我知道，以后再有急活儿，老板一定还会给我，因为我让他放心。所以，我根本不用去考虑那些政治手段，或者玩什么心机。一是没时间，二是没必要。

很多人抱怨，自己明明做了很多的工作，可是收入却不高，升职加薪的机会总落不到自己头上。说到底，就是因为老板并不是非用你不可。也许你是个好员工，但绝不是那个可以委以重任、独当一面的好苗子。你太过平凡，太过普通，随时都有可能被招聘的新人所取代，并且成本并不高。

所以，不想做职场弃子，你要做到不可替代。

一直以来，我追寻的目标都是不可替代，我也会经常这样问身边的人："你在所在的公司是那个可有可无的人吗？""如果公司要裁员，你会是第一批就被考虑的对象吗？""你有哪些不可取代的技能说服公司留下你？""你目前的岗位，换作别人能做吗？能做得和你一样好吗？”……

虽然这种不可替代不是绝对的，但我们至少应该做到拥有一些可以称作核心竞争力的技能。如果老板再培养一个人选或者另外找人替代你的话，将需要付出更高的时间成本和经济成本，所以你就是那个最具价值的最佳人选。如此，当你想升职加薪时，老板考虑到你对某项业务或技术具有不可替代性，自然会如你所愿。

小结：

每个人都有自己的特长，不要用自己的短处去和别人的长处争，因为你不仅会很吃力，也很容易被替代，关键是要找到自己独特的一技之长，并在此基础上，通过个人能力的充分发挥来增强自身的不可替代性。

别把问题留给老板，他要的是结果

在职场中，我们不可避免地要遇到各种各样的问题。这些问题就是横在我们面前的一道道坎。是迎难而上，勇敢地解决它？还是知难而退，遇到困难绕着走呢？或者是寻找任何借口或理由将它推卸给别人？请注意，你的选择将决定你在公司的价值高低，以及能在职场之路上走多远。

“三个和尚”的故事我们都听说过：一个和尚自己挑水吃，两个和尚还可以抬水吃，三个和尚互相推诿，谁也不去打水，最后反而没水吃了。

人都有一定的劣根性，如不喜欢做事情，或者太依赖别人，希望别人能把自己的事给做了，然后坐享其成。但世界上没有这么美的事，推、拖、等都是于事无补的，这样的人永远成不了职场中耀眼的成功人士。因为老板花钱雇佣员工就是为了解决问题的。当一个员工不能为公司解决问题的时候，也就失去了他在公司存在的价值。

林总是某电器企业的董事长。在一次聊天时，他和我说，年底他原想给部门主管们每人发一个十万的大红包，但临时发生的一件事情使他改变了主意，最终将红包打了半折。

事情的经过是这样的：林总因为洽谈合作的事情需要去一趟泰国，公司的事情都是管理层的一些人在打理。当时临近年关，大家都忙着订票、买年货等，对工作有些懈怠。这天，有客户向客服投诉电器出现了故障。客服一心想着回家，便将问题反映给了售后部门主管，售后部主管一听又将问题反映给了生产部主管，生产部主管听后又马上把问题反映给了技术部主管。技术部主管拿起手机就给林总挂了个电话，问事情要怎么办？林总一听立刻火冒三丈。他搞不明白自己花了那么多钱请这些人来是干什么的，遇到问题不是先想办法解决，而是给远在国外的自己打电话。当林总怪罪下来时，这些人又开始找各种理由来解释，试图推脱责任。

每个人都有自己的事情要解决，老板有老板要做的事，员工有员工要做的事，只有两者有效地结合在一起才能为公司和个人创造出效益。要想让老板觉得你与众不同，能够对你委以重任，遇到问题时就不应该像踢皮球一样寻找各种理由不去解决，将问题推给老板，而是主动想办法解决问题。

每个老板都在寻找能够助自己一臂之力的人。能够努力解决问题而不是找理由解释的员工，不管走到哪里都是受老板欢迎和器重的好员工。要知道，员工在接受老板薪水的同时，也接下了一份责任，就是将自己的本职工作认真完成。这不仅是一种价值的变相交换，也是实现人生价值的方式。

刚大学毕业时，我曾在一家公司做销售员。这天下午我接到一个客户发来的传真。内容主要是说对我们提取的服务费用有异议。他们所理解的应付费用比公司要求的要少 600 元。导致这一问题的原因是签订的合同中有一处条款不够严谨，致使客户在理解上出现了偏差。见此状况，我连忙打电话跟客户沟通。可是我解释了半天，客户还是不买账，甚至威胁说要法庭上见。一看问题不好解决，我便想打报告给上司。但我转念一想："这个问题是自己的责任，自己作为一线业务员，就应该尽百分百的努力去解决问题。如果能与客户当面洽谈，再争取一下，或许就能解决问题了。"

想到这里，我迅速联系客户，立马和客户展开了一场谈判。但两个多小时过去了，对方丝毫没有退让的意思，致使谈判陷入僵局。此时我有些无助了，心想是否建议上司放弃那部分有异议的费用，但这样只会显得自己无能罢了。于是我决定去找客户的老总，因为他才是最主要的决策者。经过一番周折，我与客户老总取得了联系。这次谈判仍然非常艰苦。但我采用了迂回战术，首先肯定客户的理解有一定道理，然后寻找机会找破绽，最终使客户同意按我们公司理解的方式来支付费用。后来，领导得知这一情况后对我刮目相看，并不是我做得多好，而是我解决问题的态度打动了他。

工作并非消极被动的"打工"，也不是表面上的"完成任务"。工作的实质是解决那些妨碍我们实现目标的各种各样的问题。在遇到问题后，我没有寻找任何理由去推脱责任，想法解释，而是责无旁贷地想办法去解决问题。这样做，不仅使公司的利益得到了维护，也使我本人有了不错的锻炼机会。

没有人敢保证自己在工作中不会出现问题。出了问题并不可怕，可怕的是你不能解决问题。你是否考虑过，有你找理由解释、想办法推脱责任的时间，问题可能就已经解决了。只要把工作中的每一件事都干好，把遇到的每一个问题都处理好，那么你自然就能得到领导的重用和提拔，最终开启成功的大门。

小结：

老板通常只会告诉你要去做一件什么事情，但是通常不会解释为什么要做这件事，和他想要做这件事的结果是什么。所以需要你主动去问，你只有明确老板的意思，才能按照老板的思路把事情做对。

学会抓重点才是真正的人才

生活中，我们会遇到这样的问题——明明事情做得不少，却搞得乱七八糟；学习中，我们会遇到这样的问题——课本复习了很久，可考试成绩却不理想；工作中，我们会遇到这样的问题——自己每天卖力地干活，可是领导并不领情。此时，人们难免心生委屈和抱怨，但这些都不是你不做的理由。

为什么会出现这种费力不讨好的现象？归根结底，这些“不幸”都是因为一个原因——没有抓住重点。

面对工作中的问题，我发现很多人常有的第一反应，就是巴不得立即找到好的解决方法。这样的想法无可厚非。但如果连自己真正面对的问题是什么，通过解决这个问题将获得什么都无法确定或是没有想清楚，那无疑是操之过急了。结果往往是事事落空，即使事情能做成，也要付出很多的时间和精力。

要解决一个问题，首先要对问题的有关内容进行整理，然后抓住问题的关键点，弄清问题到底是什么。做到了这一点，就等于找准了应该瞄准的“靶心”。

有一家核电厂的一台重要仪器出现了故障，导致整个核电厂生产效率降低。核电厂的工程师一个个轮番上阵进行修理，但始终没能解决问题。无奈之下，厂长只好请来一位全国顶尖的核电技术顾问。这位技术顾问四处走动，反复查看仪器，两天之后他在该仪器的左上方画了一个大大的“X”，然后对厂长说：“让你们的工程师把连接这个仪器的设备更换一下，问题就解决了。”工程师们把那个设备拆开，发现里面确实存在问题。更换了损坏的设备后，电厂恢复了原来的发电能力。

“真是太感谢了！”厂长激动地握着技术顾问的手，“请问我该付您多少报酬？”

“1万美元。”技术顾问回答得一点儿都不含糊。

“什么？”厂长一下子愣住了。在他看来尽管这个设备价值数十亿美元，并且由于机器的故障损失数额巨大，但仅仅在上面画了一个“X”就收费1万美元，这未免有些狮子大开口了。于是，他追问道：“1万美元相对于这个工作量太高了，能否请您将收费明细详细地逐项分列出来？”

“在仪器上画‘X’是1美元，查找在哪画‘X’是9999美元。”技术顾问回答道。

这个真实的故事告诉我们一个道理：解决问题的时候，一定要抓住问题的关键，这样再棘手的问题也能很快解决。这种重要性就好比医生给病人诊病，医生只有把病因看准了、看透了才能对症下药，才能药到病除，才能避免头痛医头、脚痛医脚式的毫无效果的瞎忙活，进而提高做事的效率。

我的朋友周同的一段经历，或许会对大家有所启迪。

周同在某建筑公司做项目工程师。这段时间他们的施工遇到了难题——他们要把电线穿过一根10米长但直径只有25厘米的管道。但是管道砌在砖石里，并且拐了四五个弯。大家费了很大劲把电线往里穿，却怎么也穿不进去。后来周同想了一个好主意，到一个宠物店买来两只小白鼠，一公一母。

当看到周同拿着装有老鼠的笼子前来时，经理有些生气地质问道：“你买两只小白鼠来干什么？你觉得小白鼠很好玩是吗？我们都在这愁得白了头，你还有心情玩？”

周同并不急于为自己辩解，而是叫来一位同事。他把一根线绑在公鼠身上，把电线拴在线上，并把它放到管子的一端。他叫同事把那只母鼠放到管子的另一端，并且逗它吱吱叫。当公鼠听到母鼠的叫声时，顺着管子便跑开了，身后的那根线和电线也被拖着跑。就这样，小公鼠拉着电线穿过了整个管道。

经理恍然大悟，惊喜万分，决定重用周同。

巧干能捕雄狮，蛮干难捉蟋蟀。

“效率是‘以正确的方式做事’，而效能是‘做正确的事’。”管理大师彼得·德鲁克曾在其《有效的主管》一书中指出了这一道理。在他认为——“效率和效能不应偏废。我们当然希望同时提高效率和效能。但在效率与效能无法兼得时，我们首先应着眼于效能，然后再设法提高效率。”

任何一件事情，都不是要你耗费体力、耗费时间去拼命，而是要你带着大脑去做，要有合理的思考、智慧的分析。所以，做事时不能仅凭匹夫之勇苦干硬闯，应该讲究方法，勤于思考，抓住重点，保证效率，让自己做的每一件事情都有它的意义。这是最聪明的做法，也是最有效的方法。

小结：

很多问题是纷繁复杂、环环相扣的。这就意味着，当我们要了解和解决某个问题时，要去理性地分析其前后因果关系。通过整理问题的前后因果关系，进行合乎逻辑的判断和思考，你总能找到问题的关键所在。只要把工作中的核心问题解决好了，其他次要问题也就相应地不攻自破。

永远先做重要的事情

我的一位学员是某大型企业的经理。他每天看上去都很忙，累得身心疲惫，但是所取得的成就却不显著。无奈之下，他只好向我请教，“为什么会这样？”

我问：“你每天忙些什么？”

学员答："太多了。"

"问题就出在这里。"我解释道，"最重要的事情先做，别无其他选择不要先做那些次要的事情。如果不作这样的选择，那将一事无成。"

你是否曾为这样一个问题困惑呢？——明明比别人更有能力，更努力，却总是收效甚微？不要疑惑，不要抱怨，你应该先问问自己，你所做的事情有多少"含金量"呢？或者更直接地说，你是否认识到核心的问题，有些事忙得并不得法，真正要做的事没有完成，无关紧要的事却做了很多。

在职业生涯中，我也曾有过这样的困惑。那是刚升任部门主管时，每天除了把自己的事情做好之外，我还需要管理整个部门的事务，而部门的各种事务总是杂乱无章。也是在那时，我第一次感受到不管我怎么努力都有做不完的事情，第一次感受到面对一堆事情时的无力感。最糟糕的是，我废寝忘食地忙碌了一天，却发现自己基本没有完成什么事情。这让我心烦意乱，我的脾气开始失去控制。这次的经历直接影响了我的再次晋升，我没有通过管理层的考验。也是在有了这种经历后，我开始重视自己的效率，在同时处理十几件事情时，开始规划优先顺序。

一个真正会工作的人应是一个计划高手，能分清工作的轻重主次，永远先做重要的事情。

为什么重要的事情要先做？道理很简单，每天总有几件事情等你处理，如果你把精力花在无关紧要的事情上，而重要的事情则一拖再拖，期间你的精力就会被一点点地消磨掉。当你精神状态不好的时候，怎么可能把重要的事情完成呢？一个总是无法做好重要事情的人，效率怎么会高呢？

成功学大师拿破仑·希尔归纳了四条做不值得做的事情的坏处，十分经典：

1. 不值得做的事情会让你误以为自己完成了某些事情。
2. 不值得做的事情会消耗你的时间与精力。
3. 不值得做的事情会浪费自己的有效生命。
4. 不值得做的事情会生生不息。

大多数成功人士都明白轻重缓急的道理。至今，我还没有碰到过哪位经理人可以同时处理两个以上的任务，并且仍然保持高效。许多时候，他们在处理一年、一个月或一天的事情之前，总是按分清主次的办法来安排自己的时间，常常把紧急且重要的事情放在第一位，使一切井然有序地进行。

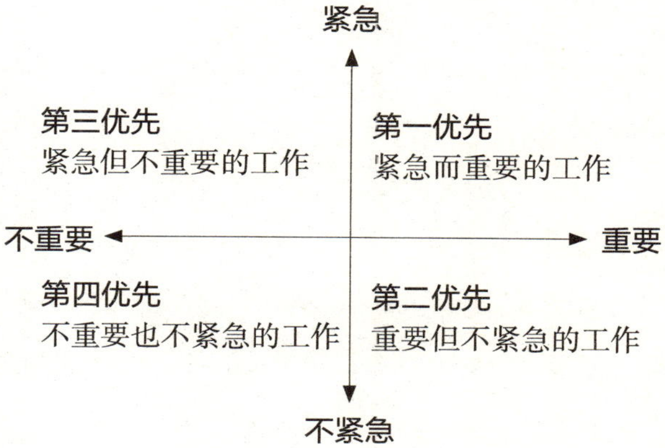

图 2.1　四象限工作法

让我们来看看管理顾问莱科是如何做的，相信你能够从中得到不少的启示。

莱科是一个出色的管理者，但他并不是工作狂。他逍遥自在，业绩斐然。他是怎么做到的？莱科的手上从未同时有三件以上的急事，通常一次只有一件，其他的则暂时摆在一旁。而且他会把大部分时间拿来思索那些最具价值的工作，比如公司的总体发展规划、年度工作任务、行业发展前景等。莱科只参加重要客户的会议，走访一些重要顾客，然后，把精力拿来思考如何实现与重要客户的交易，以及公司如何能够获得最大的利益。接下来，再安排用最少的人力实现这个目标。

分清轻重缓急，设计优先顺序，这是高效工作的捷径，也是一种核心竞争力。如果你现在不被领导重视，那么比较简单的方法就是抓住工作中最重要的步骤，优先解决，而其他的小问题则先放在一边，或者交给他人处理。当你投入大量的精力去做重要的事情时，你的价值往往越能得以体现。

不停地在响的电话、接待不完的客户、开不完的会议，以及多如牛毛的朋友聚会……当你有太多的事情需要处理时，先不要慌慌张张，先对这些事情进行整理，并安排好事情的先后顺序。坚持每天做最重要的事情，经常这样做，即使工作再紧张你也能游刃有余，如此自然也就能脱颖而出。

为此，在开始一天的工作之前，你最好要先问问自己："我今天工作的重点是什么？""哪些事情是我现在非做不可的？""为什么我需要完成这件事情？它是否对我很重要？""我正在做的事情是否最适合现在这段时间？"……然后将自己所从事的工作内容列一份表格，标注"重要且紧急的事件"，并且依次写下日期和时间，这就是你接下来要重点对待的工作内容。

这里提供给大家一种清晰的表达事情重要性和紧迫性的方法——颜色标注法。

齐腾孝是日本明治大学的一名教授。多年来他出版了许多学习日文与加强逻辑思考的书籍。在教学与笔耕兼顾的繁忙生活中，他发明了一种"三色法管理"。三种颜色分别是红、蓝、绿：红色代表最重要，蓝色表示次要，绿色表示自己的想法或是相互关系。他所使用的记事本左页是一星期的计划，右页为空白页。他把关键字写在右页，同时用方框圈起，分什么是最重要的重点（红笔），什么是次要重点（蓝色），什么是相互之间的脉络关系与自己的想法（绿色），并找出彼此的关联性。如果某一天他的时间不够用，他就直接找红色部分的事情做，就是那些最重要的工作。

先做最重要的工作，集中精力和时间重点击破，这个方法能让你的工作变得简单有力，富有价值，更快地向目标迈进，那么升职加薪也将指日可待。

小结：

凡事都有轻重缓急之分，我们需要把时间和精力花在最值得做的事情上。每

天把要做的事情按重要性排序，分别从 1 到 6 标出几件最重要的事情。每天优先处理标号为 1 的事情，直到它被完成或被完全准备好，然后再有顺序地做标号为 2 的事，依此类推。

挑战就是机会，突破就是成长

我们往往爱徘徊在自己所熟悉、所擅长的领域。这样虽然无惊无险，但人生很多时候，最大的痛苦莫过于无法突破自己，止步不前，活得无精打采。

陈秦出生于一个厨师世家。他父亲在广州一家知名酒店工作了四十多年。陈秦 18 岁时就开始跟着父亲学厨。厨师工作累又不赚钱。陈秦一直有一个心愿，希望有天可以开一间自己的餐馆。但每当这种想法冒出来时，他就会马上跳起来说："快醒醒吧，父亲厨艺那么好，还是厨师而已，老老实实地干活才是最重要的。"在潜意识里，陈秦一直认为自己只是一个当厨师的料。

每次看到别人的餐馆生意兴隆、宾客满门的时候，陈秦总是感慨如果自己那时胆子大一点儿，心一横把餐馆开了，也许现在生意比别人的还要好。可是，陈秦终究没有勇气迈出那一步。他一辈子老老实实，本本分分，勤奋又吃苦，可是挣的钱却只够养活一家老小，也始终没有实现自己的心愿。

我经常听到这样一些说辞："人家天生就是好材料，咱哪里比得上！""我能有什么出息，混口饭吃呗！"……殊不知，这种缺少自我挑战、自我突破的想法，是一种安于现状、不求上进的借口，会束缚一个人的意识和能力，使自己无限的潜能化为有限的成就，再过十年也是停留在原地，无法前进。

事实上，我们不止是自我设限，同时我们还活在别人对我们的评价中。经常有人会告诉我们："你就那样了。"这些声音可能源于我们的上司、父母、师长的谆谆告诫，也可能是我们比较亲近的同学、朋友。虽然他们并没有恶意，说的也可能是实情，甚至可能是善意，但我们一定不要被他们的评价限制住。

人生有多大的成功，我们谁也不知道，谁也不能提早下结论。不过，心有多大，舞台就有多大，一个人的思想高度往往决定一个人的人生高度。正如莎士比亚剧本里的一句台词："亲爱的布鲁图，其实真正该责备的并非宿命，而是我们自己，是我们自己决定了我们只会是微不足道的人。"

如果你不再找借口，而是愿意做出新的尝试，那么你将会发现：看似高难度的挑战，其实并没有想象中那么可怕。更重要的，当你突破自己的时候，或许会出现让人雀跃的奇迹。

一天，一位年轻人来到美国通用汽车公司应聘。这是一个仅有 24 岁的年轻人。面试的人很直接地回复他："目前我们公司只有一个空缺的职位。但是，这个职位太重要了，竞争也很激烈。你是新手很难应付。所以不好意思……"但是，年轻人很坚定地回答："不管工作多么复杂或棘手，我都可以胜任。说实话，我将来要成为通用汽车公司的董事长。不信的话，你等着看吧……"

"什么？你想当通用汽车公司董事长？"面试官觉得不可思议，心想："这个年轻人太自不量力了吧？我在这家公司待了好几年了，也不曾有过这么大胆的设想。"但看着年轻人自信的笑容，面试官决定给他一个试用机会。如果他真的很有能力，那么就正式聘用。如果他只是吹牛的话，就当给他一个教训。

年轻人踏进通用公司大门后，就以董事长的作风来要求自己。例如，他总是每天第一个到公司，最后一个离开公司，工作上比别人都更加的积极努力，不怕苦，不怕累。而且他的确表现出了不可思议的能力，领导交给他一项任务：对国外子公司情况进行评估。他提供的报告长达 100 多页，条理清楚，资料详实，比他的上司做得都好。接下来，他被正式聘用了。他觉得自己离董事长的位置更近了，于是更加卖力地工作。32 年之后，这个名叫罗杰·史密斯的年轻人真的成为通用公司的董事长。

在很多人看来，罗杰·史密斯年轻时说的那一番话，简直就像痴人说梦，真是不知天高地厚。一个刚来面试的人，竟然宣扬要做公司的董事长，这怎么可能？可事实上呢？罗杰·史密斯做到了。因为他从内心深处就不甘于平庸。他敢于挑战和突破自己，这正是个人成功的前提和保障。

如果你总在不断地拒绝同一个挑战，那么你就不会再进步。同样，如果你不再挑战你的生活，你便不会再增长能力。在竞争日益激烈的今天，我坚信一句话："逆水行舟，不进则退。"只有不断地挑战自己，不断地提升自己，才能站稳脚跟，更好地生存下去，发展下去，否则随时可能被淘汰。

挑战就是机会，突破就是成长。所以，从现在开始抛开那些借口，把眼光放高一点，不断地挑战自己，让自己的力量强大，强大，再强大，让自己的能力向外延伸，延伸，再延伸。相信那时候，你走到哪里都不会有人拒之门外。

小结：

如果你现在感到恐慌、焦虑、担忧，你要做的第一件事就是培养自己的野心。别把野心想得太坏，它是一种最有创造性的兴奋剂。只要你的野心是恰当的，合理的，不损害他人利益的，那么你就应该善待它，利用它。渴望什么就去追求什么，激发内心的无穷潜力，相信你会成功的。

打算要长远，定位要长期，成功要长久

前段时间，刘宁向我哭诉找工作四处碰壁的无奈。原来刘宁是某高校的博士研究生，毕业几个月了都没有找到工作。他网上投了不少简历，现场招聘会也跑了不下十次，虽然得到很多的面试机会，但总没有被录用。总结自己求职失败的

原因，刘宁说就业形势越来越严峻，自己运气不够好。

当我问及刘宁的求职意愿时，他说自己重点关注的是国企和高校，但这些单位入职后需从最底层做起，收入也并不理想。

“很多人都是从最底层做起的。”我说道。

“可是据我了解，这些单位的实习期一般是一年，实习的月薪最多才三四千元。”刘宁解释道，“七千元是我的底线。十几年寒窗苦读，我不想把自己贱卖了，难道我非要再去读一个博士才行？”

……

刘宁这样的困扰不是个例。怎么挑选工作？如何为自己的事业定位？这是刚面临工作的青年人都要面对的困扰，其中不少求职者过于计较薪酬待遇，总认为薪水低是求职失败的重要原因。殊不知，这是一种急功近利的心态，会让很多用人单位反感，而且对于个人职业发展毫无益处。

我曾做过一段时间的人力资源工作。我的工作体会和经验是，一个好的公司并不是马上利用员工，而是利用善于创造长远利益的员工。这也就要求求职者在找工作的时候，不要过分注重短暂的经济效益而忽视个人的长远发展、职业的发展前景，要学会为自己的事业做长远的定位。

一个人对于自己职场的目标定位，很大程度上决定了未来的发展高度。

在这里，分享给大家一则经典故事：

三个工人在建筑工地上砌墙，有人问他们在做什么。

第一个工人头都没有抬一下，有气无力地回答：“没看到吗？我在砌墙。”

第二个工人抬头看了一下那人，严肃地说道：“我在建一座大楼。”

紧接着第三个工人搭话了，他面带微笑：“我在建一座美丽的城市。”

同样一份工作，三种截然不同的回答，结果自然也不相同。十年以后，第一个工人仍然是一名普通的砌砖工人，他的收入只能维持养家糊口。第二个工人成了建筑工地的管理者，虽然有所成就，但终究难成大器。第三个工人则成了这个城市的领导者。

砌墙是一件非常乏味的工作，就如同我们的工作中很多乏味的程序一样。只是我们对这一工作背后的价值和远景如何看待，决定了我们采取怎样的行动和获得怎样的结果。当你对自己的职场定位较高，有一个明确的目标时，你就会以这个目标所要求达到的水平来要求自己。这个目标就是你心中的灯塔，在前方牵引着你，引导你不断地向它靠近。

扪心自问，你现在是如何定位自己的？如果你认为自己只能胜任一个普通职员的工作，打算在一个岗位上抱着过一日算一日的想法，你通常会以一个普通职员的标准要求自己，而你的整个职业生涯或许终究就是一个普通职员。如果你认为你的目标是 5 年后成为公司的项目经理，那么日常做事时你则会以一个项目经理所具有的品质要求自己，多做项目，多思考，多总结，不断丰富经验。有了这个目标定位，你奋斗起来会更加有动力，方向更加明确，如此你将获得巨大的进步。

事实上，一份好的工作必须能够兼顾眼前的和长远的利益，必须能够帮助你实现自己的远景目标。所以，选择工作的时候不能抱着暂时养活自己的心态，也不能说今天干的不是自己的事业，也不是职业，打算一定要长远，定位一定要长期。要在每一份工作中都学到东西，这样才能将自己的职场人生变成一段逐级向上的阶梯。

小 M 和小 P 是发小，年龄一般大，从小学到初中，从高中到大学，念的都是同一所学校。不同的是，大学毕业后小 M 觉得上海高消费，高房价，竞争太激烈，生活压力大，再怎么拼搏也难以混出一片天，不到一年就回到了老家。小 P 则觉得大城市发展好，有前途，选择留在了上海。

回到老家后，小 M 经亲朋好友介绍有了一份稳定的工作，整天坐在宽大明亮的办公室里，不用风吹雨淋，有大把大把的时间娱乐、交友、吃喝等。一开始他还觉得怡然自乐。可这样的日子持续了两三年，小 M 就开始整天抱怨着自己的工作，赚钱少，升职机会小，发展难，抱怨着老家经济差，抱怨着自己混得不好等。有人问小 M 有没有想过换一种生活，小 M 点点头又摇摇头：“想啊，可是我已经缺少了拼搏的状态。再说，这里也不像大城市，滋生不了拼搏的那种氛围。”

小 P 在上海的一家世界 500 强企业工作，虽然一开始从最底层的工作做起，收入增加一直赶不上 GDP，但他认为大城市的发展平台更高，资源更多，教育水平普遍较高，趁年轻要在大城市发展学习，将来才能取得更高的成就。有时为了保证一场活动的顺利开展，小 P 连续几个月通宵达旦。虽然工作挺累，但他的能力、见识和经验与日俱增。几年时间他的职位已经从活动执行，到执行主管，再到活动总监。“在这里，我虽然不是最优秀的人，不能百分百保证自己可以收获最好的人生，但是只要我一直努力，一直上进，我相信自己绝对能把有一万种可能的人生拓展成为一千万种。”

多年前，哈佛大学做过一个长达 25 年有关人与目标的研究。这项研究发现：3% 的人有清晰且长期的目标，成了社会精英；10% 的人有清晰但短期的目标，生活在社会中上层；60% 的人目标模糊，生活在中下层；27% 无目标的人则抱怨社会。由此可见，职场中的打算越长远，定位越长期，成功往往就会更长久。

人人都向往职场上的成功，更有不少人企盼一举成名，一夜暴富。然而这就像造一所房子，只追求房子的高度，却不努力把地基夯实，房子怎么可能盖好呢？到了一定高度必会轰然倒塌。所以，对于一个眼光长远的人来说，从本质上讲，成功其实不是得到了什么，而是一个人成长了多少，是坚持不懈地追求进步，最大程度地发挥自身潜力，做越来越强大的自己，使自身价值越来越大。

如果你不相信，不妨再来看一个故事：

美姗身材瘦小，貌不惊人，而且只有大专文化水平，却有幸在一家较有名气的外资企业任文员。刚进公司那段日子是最难熬的，老板只把美姗当成一个只会干杂事的小职员，不停地分派一些零七八碎的事情让她做，从来没有表扬过她。美姗自知自己学历低、经验少，但她并没以此为借口敷衍工作，宽慰自己。她除了把工作做好外，还不断地学习，只要有空就认真翻阅、琢磨自己所能见到的各种文件。她坚定地相信："只要我每天多学习一项业务，有一点儿进步就是胜利。"

一年后，美姗对公司的业务可以说了如指掌。这为她接下来的工作做好了坚实的准备。美姗的自信和专业，让老板刮目相看，不久就提拔她做了秘书，负责公司的日常事务。秘书工作需要协调各部门的资源，帮助老板处理很多的问题，还有很多事情要学。这一切都是她之前没有接触过的，怎么办？于是，美姗又报考了秘书职业培训班，风雨不误。她每天都会鼓励自己："今天我又学到了新知识，我是好样的，我会越来越棒的。"老板不但完全肯定了美姗的工作能力，而且有时还愿意听从于她的"发号施令"。

"放长线钓大鱼。""人无远虑，必有近忧。"……这些都告诫我们不要只顾眼前而忽视长远。及早制定一份长远的职业规划，时间在十年左右比较适宜。这是一个大方向，也是一个大目标。要放眼未来，而不是眼前。当你站得高的时候才能看得远，你会坚定地朝着那个最吸引你的方向努力。

持之以恒地做下去，当你真正获得成长了，成功也就来到了。

小结：

男怕投错行，女怕嫁错郎。第一份工作是非常重要的，因为它在很多方面会塑造你的人生模式。我的建议是，按照你自己所想的人生方式选择自己的职业目标，再根据自己的职业设计，选择通过第一份工作进入社会的方式。只要方向对了，起点的高低，在很大程度上是不重要的。

第三章

“尽力”不是借口，深度工作莫白费力

人如果长期停留在不断重复、熟悉的简单事务中，繁忙的假象只会给自己带来慰藉，连虽败犹荣的资格都没有。为摆脱这种浮浅、瞎忙的状态，就要不断训练自己深度工作的能力。深度工作就是会思考，擅筹划，保持头脑的高速运转，提升技能，创造新价值，从而达到有价值的产出和最终的成功。

付出≠回报，因为你没有“结果思维”

在地铁上，我偶然听到这样一段对话：

男士问女士：“今天又加班了？”

女士一脸疲惫：“都是因为小赵，她自己活儿经常干不完，害得我们也跟着加班。”

“小赵是不是工作方面很优秀？”男士追问。

“哪啊？”女士撇撇嘴，“她天天加班，每天忙个不停，但也没见业绩有多么突出。”

后面的话题就是这位女士的一连串抱怨了：“一个人连累了大家。”“加班没有加班费。”“晚上回到家太晚了。”……刚好我到站了，也就下车了。

关于这段对话，我相信大家一定不陌生。你的公司里或许就有这样的人。他们每天加班加点的工作，但工作效率很低。大概很少有人会否认“成功来自勤奋”这种说法，但如果一个员工有能力，有态度，肯吃苦，然而在付出了大量的时间和精力后却没有提供企业需要的结果，那么他的价值就为零。

“对不起，我只看成果。”这是我经常和手下讲的一句话。这话听起来有些不近人情，但工作就是如此，既需要重过程，更需要重结果。工作是什么？是“为了产生什么成果而存在”。我们的目标不应该是尽力完成工作，而应该是交出有价值的成果。能产生好的结果的工作才是有价值的。

职场上，每个人好像都在忙碌地工作着。很多人干得还相当辛苦。但为什么任务完成了，领导或客户还是不满意？为什么辛辛苦苦付出了劳动，业绩评估却一般？为什么同样的人，做同样的事，最终的结果却不相同？或许有人会为此找出一番客观因素作为解释的托辞，但其实很多时候是你缺少“结果思维”。

我们要透过现象看本质，认识到工作是以结果为导向的。我们接到一项任务，这任务本身往往只是结果的表象。打个比方，作为一名销售员，你的任务就是向顾客进行推销。在这里推销只是一种手段，真正要达到的结果是卖出产品，收回货款。达不到这个结果，你的工作做得再辛苦，也是无效的。交警接到的任务是疏导交通，那么要求达到的结果是保障道路安全通畅，而不仅仅是站在那里做几个手势。如果不能保证实现安全通畅这个结果，那还不如干脆用红绿灯……

再比如，有一位老总曾经苦笑着说，他的公司来了个新会计，做报表的态度很认真，报表的格式也做得漂漂亮亮、整整齐齐。可惜，报表上的数据与实际发生额相差甚远。不仅他这个老板看了一头雾水，而且连这个会计自己对报表上原始数据的来源也说不清楚。于是，这张报表就成了实际上的废纸，在公司管理层做决策时一点参考作用都没有。这样没有结果的工作等于白做，不但白白消耗了自己的时间和精力，还白白浪费公司的各种资源。这是不可取的。

结果思维对于工作究竟有多重要？下面一则故事就是很好的说明。

第二次世界大战期间，欧洲第二战场还没有开辟的时候，有一队美国士兵将要被派到德国去做间谍。因为盟军部队不能接近德国领土，盟军飞机只能在天上把美国士兵空投下去。在出发前的一个月，长官告诉他们这一个月里必须学会德语。一个月之后，不论他们有没有学会，都得出发。当时这些士兵都还不会说德语，但是一听说到时候都会无条件地被扔在德国领土上，于是他们开始日夜苦学。一个月后，几乎人人都能说一口地道的德语。有的士兵甚至连口音和语调都非常像德国人。

为什么美国士兵们能这么神速地学会德语？因为他们都知道，如果德语学不好，说得不像，一旦他们跳下飞机开口说话，德国人就会把他们分辨出来，他们很可能就会没命了。能否学会德语，立刻成为生死攸关的大事。为此，士兵们不得不严肃对待。在这个例子里，学习德语这个行动，实际上是以“保命”这个结果为向导的。

付出必不可少，但结果更重要。

在我们办公室曾有甲乙两个同事。甲每天加班加点地工作，就连老婆生孩子都顾不上，请假一小时去瞄一眼，然后回来继续干活，但任务还是完不成。乙每天上班喝咖啡、看杂志，准时下班，从来没有加过班，但领导交代的工作却完成得妥妥的。请问，如果你是老板，你更欣赏哪一个？毫无疑问，当然是乙！甲如此付出依然拿不出结果，那只能证明他实在不能胜任这份工作，最终他也只能惨遭单位开除。

结果胜过一切，这是市场竞争的要求。衡量工作成效的最终标准是结果。

有一家发展多年的企业，创业元老都一直保持着创业时的激情。当有人问到是怎么实现这一点时，该企业董事局主席坦言："我认为对待元老还是要看其是否对企业做出了贡献，如果你因为照顾他，导致企业没有饭吃了，那么这种照顾就是对所有员工的不照顾。无论是元老还是年轻人，你到底怎样做才算真正的照顾呢？我认为不是表现在小恩小惠上，而是让他提供有价值的结果。"

对此，该企业还订立了"三不"主义，即不讲过去，不讲关系，不讲学历和资历。具体来讲，"三不"包括以下几点内容：

不讲过去，不论你过去为企业发展做出过多大贡献，包括企业功臣，只要不能胜任今天的工作，绝无客观原因和情面可讲。"昨天的奖状，今天的废纸"，永远只能从零开始。

不讲关系，个人收入和升迁只与效益相联系，与个人出身和社会关系无关，一律用一把尺子——效益衡量。

不讲学历和资历，只看业绩，以绩效论英雄，真正做到"能者上、平者让、庸者下"。

功劳胜于苦劳，业绩胜于资历。

作为一名员工，重要的不是我们付出了多少精力和努力，而是我们取得了多少结果。面对工作中的任务，我们一定要明确认识到需要达到一个什么样的结果，要明白我们要“做到什么”而不是“做什么”。对确定的计划与安排，不讲任何借口，结果第一，才能激发我们的全部力量，坚决地实施与执行，最终必将有所获益。

小结：

能为企业赚钱的人，是企业最需要的人。把创造业绩当作责任标尺，对于结果不是“想”而是“一定要”，不找任何借口解决好工作中的各种问题，努力做出过硬的业绩，为企业创造良好效益，你就是企业的“珍贵资产”。

假装努力是幼稚，不愿深耕是失职

“为什么明明我已经很努力了，做了那么多，可还是没得到好的结果？”“为什么XXX平时也不怎么努力学习，反而成绩更好，还玩得比我开心？”“XXX每天不怎么加班，到点就下班，现在都升经理了，老板太偏心了！”……这类的抱怨我几乎每天都会听到。这样的事实也引出了一个让无数人焦头烂额的问题：天赋和幸运是可遇而不可求的，人生靠努力到底有没有用？

努力到底有没有用？当然有。至于为什么往往努力过后还会失望，我认为，所谓的天赋和运气都不过是借口，更关键的问题在于许多人只是假装很努力罢了。

我认识一位刚毕业的女孩。她一心想做一名作家。她看起来也很有上进心，总是喜欢找我推荐一些好的图书。我很欣赏努力的人，所以每次都会认真地给她挑选，并告诉她哪些内容最好摘录下来。她每天在朋友圈晒自己看书的图片，时间经常显示是深夜一两点，周末还泡图书馆。看起来她真的很努力。

有一次，我跟女孩闲聊，问她：“你的写作水平提高了吗？”

女孩闷闷不乐地回答：“看了那么多书，还是没有一点长进。”

我又问她：“你摘录的内容有多少了？”

她回答：“我的目标是两天读完一本书，每次都是匆匆忙忙读完，哪有时间摘录。”

至此，我明白了，她只是假装很努力。她明知道摘抄文章对写作会很有效，但她却不愿意去摘抄，理由是自己没时间。看书是比较轻松的事情。你相不相信，我一边发呆神游一边照样能看完一本书。但摘抄不一样，需要分辨哪些内容对自己有用，需要深入理解作者的思路，调动全部的精神等。女孩读书时没有充分思考，一目十行。这样走马观花，看过的内容很难在记忆中保留，也不能把他人的思维逻辑、写作技巧等变通之后来为自己所用。毫无疑问，从本质上来说，这种读书不过是浪费时间。

你是不是也是这样?

你每天宁愿身子坐得直直的，假装很认真工作的样子，却不愿意去遏制自己神游的野马。

你每天加班加点地辛苦工作，宁愿每天因为各种琐事忙得跟孙子一样，也不愿意花一点儿时间去提升一下自己的水平。

你明知道这项工作任务有更好的解决方法，但却懒得花费心思。

……

你敢说，你是真正的勤奋？这种为了勤奋而勤奋的勤奋，最误人，也最伤人。

如果你的努力得不到理想的结果，那么你就会本能地沉浸在“我已经很努力”的幻想中，并错把受苦的体验当成努力的过程。更可怕的是，你自以为已经很努力了，却没有任何实质性的进展，导致你反过来质疑“应不应该努力”这件事，甚至把问题引向了拷问社会的公平性问题上。

假装努力是幼稚，不愿深耕是失职。

真正的勤奋是很累的，它需要我们把行动与思考有效地结合起来，对于行动中的关键节点有非常明晰的认识，才能事半功倍，而不是总做无用功。思考越深入，越全面，越能帮助我们更快地掌握做事的核心能力，让所有的努力付出都变成自身的能力，从而也就能改变费力不讨好的命运。

比如，销售员在谈单时不能光顾着滔滔不绝地讲解自己的产品，你必须认真研究产品的优势、市场的趋势、客户的心理，反复思考客户所说的每一句话，仔细掂量对方的每一个肢体语言和面部表情。只有掌握足够的基础信息，梳理出清晰的脉络，抓住顾客的心理，你才能一举将客户谈下。

大学时班里有一位学霸，连续四年都是全系第一名。我就经常观察他，看他的学习方式，是不是天天抱着书，扎根在自习室里。然而，平时没见他怎么看书，各种集体活动他也踊跃参与，这让我颇受打击：怎么我天天泡在自习室里学习，分数还没有他好？后来经过我认真分析得出的结论是：他的聪明之处就是采用了深度学习的方法，学习的时候勤于思考，善于归纳总结规律，掌握思考方法，努力做到举一反三。这样学到的知识就变成了他的“血肉”，所以他学习的时间很短，却很有效。

你为什么那么努力却一直平凡无奇？因为你只注重肢体上的勤奋，却忽略了思维上的勤奋，没有在工作上深耕细作。不要用行为的勤奋来掩盖思维的懒惰。中国有句俗话叫作“磨刀不误砍柴工”。在我们为某项事物付出我们所有的精力和坚持之前，一定要多花费些时间和精力，沉下心，认真思考，找到适合自己的方法和方向。直到有那么一刻，你感觉到自己内心已经无比清晰。

对此我深有体会，就比如说我开始练习写文章时，拿到一个题目以后，往往立即动笔去写，可是写着写着就发现内容写不下去了，自己的思路卡在那里，很难再写下去，当时就特别难受，特别烦恼。就在那时候，大学教授告诉我，得先准备好思绪，想好题材，将要写的内容先好好梳理一下，然后再开始动笔去写。正是在教授的指导下，我顺利地完成了一篇篇文章，而且比较轻松。

天道酬勤，但酬的不是假勤。勤，就要勤得其法，勤得其所。

深度思考比勤奋更重要。只有深度思考才能带来认知升级，从而成为高品质勤奋者，否则就是人勤心懒的原地打转、身勤智惰的随波逐流、体勤思庸的低水平重复。深度思考并不是深不可及的。只要我们平时多动脑，多思考，多积累，理解工作的内在本质，都是可以获得这一项技能的。

小结：

平时要坚持不懈地练习动脑思考，这需要你处于一种学习的良好状态，不断学习更多的东西，努力开拓自己的视野，并持之以恒地进行探索和追求。只有在相关知识很丰富，又能运用崭新的视角看问题时，才能更好地深度思考。

不用你“尽力”，只需你“全力”

有一次我外出讲课，由于主办方人手不够，临时安排会务组的一个实习生主持。可这个姑娘从没有主持过讲座，非常胆怯，跟我说：“老师，您可不可以直接开始，我就不主持了。”我说：“主持实际上很简单，你只需去网络上搜索一下讲座的日常主持词，适当地融入当前课题内容，这个讲座就会显得比较正式。”

姑娘当即上网搜索了一下资料，整理好后拿过来给我看。说老实话，姑娘整理得不太好，典型的初中毕业生的水平。我鼓励她再好好找一下，主持词一定要扣主题，吸引人。姑娘又去搜索了一阵，告诉我：“实在搜不到更好的内容了。”见我面露怒色，姑娘有些委屈地解释说，“我已经很尽力地找了。”

“各种关键词都试了吗？”

“……没有。”

“那些网站都试了吗？”

“……没有。”

瞧，这就是姑娘没做好这份工作的原因所在。

不知道什么时候开始，“尽力”变成了一个无力的词。开学前，爸妈对着你说：“去了学校要好好学习。”你回复了一句：“我尽力。”上级要求加班赶一个报表，晚上 12 点前出结果。你回复了一句：“我尽力。”孩子告诉你，下周学校要开家长会。你听了之后不假思索地回复：“我尽力。”……

工作多年，“我尽力”这句话我不知听过多少次，每次都面对着一张无比诚恳的脸。但我要说：你的“尽力”一文不值！因为大多数人在说出“我尽力”的时候，只是停留在努力的层面。你深知这种努力其实是留有余地的，只不过想以“我尽力”为借口，来完成自我的精神安慰，掩饰自己认怂的熊样。

一个整天把“我已经尽力”挂在嘴边的人，往往不怎么用力。因为尽力而为多含被动的成分。在这种状态下，人通常要靠外在压力做事。缺乏内在的动力，一旦碰到困难就以“我尽力了”的借口敷衍自己，甚至干脆放弃上进的努力，甘居下游……如此欠缺实现工作任务的勇气和志气，永远不可能成功。

在职场上，任何工作都不是尽力而为就可以了，而是需要全力以赴。“尽力”和“全力”之间只差了一个字，却包含了一个人对待事情两种全然不同的态度。全力以赴是一种积极主动的工作态度，遇到困难不找各种借口，而是想方设法解决问题。在这里，我们需要着重讲一讲潜力。每个人都有无限的潜力存在，但大多数人只发挥了不到 10%。剩下 90%以上的潜力则被深藏起来。这正是尽力而为的结果。而竭尽全力则能有效激发剩余的潜力，进而完美地完成工作，甚至是原本不可能完成的工作。

换句话说，即便你现在再多么失意，你也并非与成功绝对无缘，因为你还有成功最大的资本——潜能！不论你聪明才智的高低，成功背景的好坏，也不论你的愿望多么的高不可攀，只要你能竭尽全力地去做事情，充分开发自己的潜力，就一定能将你的希望和期待在生活中变成现实。

一些人之所以比别人更优秀、更成功，原因就在于此。

高博士是我的一位同仁。他总是光鲜亮丽地出现在各种演讲舞台上。他的课程幽默风趣，他的讲解深刻睿智，受到很多人的欢迎。刚结识高博士时，我觉得他活得特别轻松，特别自在，似乎很容易就获得了无数的掌声和鲜花。但真正在一起工作以后我才发现，原来他每天只睡五六个小时，每次备课他会反复修改，字斟句酌。他还坚持每天看一小时的书籍，不断地丰富自己的知识。

高博士平时喜欢运动，还曾参加过几次专业的马拉松比赛，而且还拿了奖。马拉松是一种熬人的运动，把左脚放在右脚前面，再把右脚放在左脚前面……如此反复重复，大约 56000 次。“你是怎么做到的？”有人问。高博士回答：“全力去跑。”关于这一点，他解释说：“尽力去跑就是你跑到终点后，还有力气坐下来喝口茶、聊聊天；全力去跑就是跑到终点后，整个人将近虚脱。”

这个世界没有绝对的天才。很多你看起来毫不费力就成功的人，其实都付出了艰辛的努力。当我们被他们的光芒所吸引的时候，却不知道成功的背后有多少默默无闻、点灯熬夜的孤寂。他们就像天鹅在水上轻松优雅地游着，其实他们的脚只是藏在别人看不到的水下，从不抱怨，全力以赴，一直向前。

所以，不要再以“我尽力了，结果不理想”的借口敷衍自己。无论是什么工作，无论有多大困难，毫不犹豫地切除自己的惰性，全力以赴去做，我们会在此过程中让自己的能力、意志力得到充分的磨炼，而我们的付出和努力最终都是有回报的。这回报是自身能力的提升，是老板对自己的肯定和欣赏。

小结：

人是逼出来的。一个人如果不逼自己一把，永远不知道自己有多优秀。逼自己，就是自己跟自己较量，即使万分无力，也要迎难而上；即使前路曲折，也要大步向前；即使心中怯懦，也要硬着头皮挺住。如果你不断地精益求精，能把一件事情做到极致，你就能脱颖而出。

困难面前比别人多“拼”一下

有的人在工作中总是不能按时完成任务。若问其原因，他会理直气壮地给出理由：“这太难了，一点办法都没有。”“我能力有限，实在没办法。”“唉，我太倒霉了，做点事情竟遇到麻烦了……”总之，他们不是认为自己没有好的机遇，就是认为父母和家庭没能给自己提供一个好的平台，或者动辄责怪他人，总觉得别人对不起自己。在他们看来，老板安排自己去做一个“不可能完成的任务”，根本就是跟自己过不去；上司责备自己事情办得不够完美漂亮，一定是妒忌自己的才能……

这些人其实都是没有担当的人。他们是在推卸自己的责任，为自己找借口。

的确，在工作中会遇到很多困难，有时候甚至看似无解。但是面对困难，如果选择一味地逃避责任，不敢挑战自己，不敢迎难而上，是无法激发自己的潜力、取得较大成就的。如果缺乏面对困难任务的责任心，就无法高质量地完成领导交付的任务，还会打消工作的积极性和创造性，对工作敷衍了事。这种做法，只能导致一个结果：难题永远得不到解决，工作做不好，得不到重用。

我的朋友高深经营着一家大型家具公司。他曾给我讲过这样一段经历：

有一年，高深的家具公司销量一直下跌，公司的财政也发生了困难，而且日益严峻。销售部门不得不召集全体销售员开一次大会。高深作为总经理亲自主持了这次会议。高深请公司的几位销售精英站起来，要他们说明产品销量为何会下跌。这些被唤到名字的销售员一一站起来之后，分别向大家倾诉了原因：产品价格高、产品设计有问题、家具市场不景气等。

听完大家的报告，高深沉默了一会，说道："在我发表意见之前，我想先给你们大家讲一个故事。在成立公司之前，我只是一名擦鞋工。当时经济危机导致很多人失业了，等来一个顾客太难了。我和很多同事天天抱怨个不停。唯有一名同事可以赚到相当不错的收入。你们知道他是怎么做到的吗？"

顿了顿，高深接着说道："这位同事不像我们一样坐在那里抱怨。他主动背着刷鞋工具走到大街上，一个顾客一个顾客地问：'先生，请问您要擦鞋吗？''小姐，我给您擦擦鞋吧！'结果，他真的揽到了不少生意。在此，我想强调的是，这位同事的擦鞋技术并不比我们高多少。他和我们的工作环境也完全相同。现在我想问你们，销量不好是因为太难吗？还是我们没有努力去做？"

听了这一番话，众精英都低下了头……

老板给员工安排工作，并不是天马行空。老板会参照员工的能力来确定任务。他不会给你一个远远超出你能力之外的任务，白白浪费人力、物力。既然让你去做，老板就觉得你能做好，即使有困难，通过你的努力也应该能够完成。因此，找借口逃避困难是不明智的。试想：如果你是领导，面对一个连本职工作都要找借口逃避的员工，你能将更大的重任交给他吗？肯定不会。

面对工作上的难题，无非两种态度：知难而退，或者迎难而上。我观察过那些成功人群，发现他们成功的原因在于很多时候从来不曾回避难题，从来不曾编制任何借口。他们总是迎难而上，把"难"当成非克服不可的障碍，积极思考和行动，最终克服了别人克服不了的困难，解决了别人解决不了的难题。如此，再难的工作任务也能完成，进而让老板发现自己的才能，实现了自己的目标。

我的表妹林素在大学学的专业是酒店管理，毕业后在一家五星级大酒店做前台工作。前台工作琐碎又繁重，林素又缺乏经验，时常会有所抱怨。为此我常提醒她，要不畏困难，要把每一个难题当成锻炼自己的机会、提高自己的机会。因为不畏难，她的事业发展得很顺利，工作半年就被提拔了。其中有一件事情很有代表性。这天林素在酒店大厅见两个外国女士正对着一个小姑娘大发雷霆。她们的样子看上去非常着急。林素上前一问才得知，这两位女士来自大洋彼岸的美国。她们这次结伴前来北京旅游，正准备入住酒店时却发现腰包不见了。两个人的护照、信用卡、现金等重要财物都放在里面。如果丢失了的话，她们的旅游就无法正常进行了，而且还会造成很大的经济损失。

导游是一个新手，还从没遇到过类似的突发事件，一时间急得满头大汗，手足无措。见到林素，她苦着脸求助：“我实在没有办法了，你帮帮我好吗？”对于这种本属于他人的事，林素原本可以不管。但她却想：既然人家来到我们酒店，遇到了麻烦，即使和我没关系，我也应该帮着解决。于是，林素一边安慰这两位女士，一边详细询问了腰包的颜色、大小、形状等。此时，林素注意到两位女士很劳累，于是嘱咐导游先给她们开了一间房，让她们先进去休息，然后让服务员送饮料和点心给她们。

紧接着，林素又根据客人收据上的乘车记录，拨通了出租公司的电话，但是经过对方自己查找，并没有发现腰包的踪影。至此，林素并没有放弃，而是继续想办法。她想：“腰包也有可能落在机场。”于是，她连忙和机场相关部门取得联系，可还是没有找到。两个最有可能的地方都没有，说明腰包很可能彻底丢失了。不过林素还想再努力一下。于是她反反复复地回忆客人提供的线索。突然林素想到，客人曾经抱怨在机场附近的一所餐厅就餐时，人又多又挤。她想：腰包的扣环很可能在这个时候被挤掉。于是，林素立即拨通了这家餐厅的电话。幸运的是，好消息传来了：腰包已被工作人员捡到交上来了。腰包失而复得，这两位美国女士异常激动。她们对林素说：“中国姑娘真不简单！”

此后不久，林素便从一个小小的前台服务员被提升为领班。

面对故事中的情景，相信不少人会客气地表示拒绝帮助，也或者会在尽了一些努力没见成效之后选择放弃。但是林素却没有这样。她没有找一些退缩和放弃的理由，而是选择在难题面前多拼一下。她付出比常人多一些的努力去解决问题。她经过一番不懈地尝试和努力，最终将事情圆满解决。

“难”往往是阻碍前进和成功的第一障碍，但如果我们经常冷静地分析，这个“难”有时只是一种心理反应，是懒汉躲避努力的手段，是平庸者放弃奋斗的借口。没有难以克服的问题，没有难以创造的业绩，只有不敢挑战困难的人。当难题来临时，最好的方法就是不逃避、不放弃、不找理由搪塞。

之所以这样说，是因为我深知，任何工作都是由一个个问题构成的，工作的实质就是一个不断地碰到各种困难并逐一解决的过程。在现代企业中，最受欢迎的无疑是那些最能创造业绩、获取效益的员工。而谁又是最能够创造效益的呢？其中很重要的一类人，就是能解决工作难题的人。

没有一份工作是毫不费力就能做好的。当遇到那些看起来难到无法克服的难题时，如果你不把“工作太难”当作借口，能够迎难而上，在困难面前多拼一下，面对它、分析它、解决它，看看问题出在哪里，你会惊喜地发现，自己的能力获得了提升，自己的意志得到了磨炼，自己的收益也随之增多。

记住：没有过不去的坎，办法总比困难多，与其找借口逃避，不如想个办法再试一次，再坚持一下，也许成功之门就会为你开启。

小结：

在工作不顺利的时候，记住：静下心来找到解决方法才是唯一的出路。方法，是挪开横亘在成功之前那座大山的上帝之手；方法，是跨过平庸与精英那条界线的关键一步，是通向拥有无限风光之顶峰的小径。在职场的道路上行走，丢掉“借口”这个包袱，带上“方法”这个益友吧！

你距离完美工作只差一个理由

如今的职场竞争日趋激烈，怎么让自己立于不败之地，怎么得到领导的重用和赏识，这是很多人都关心的问题。我认为，最有效的方法是完美工作。遗憾的是，不少人面对工作总是将“差不多”挂在嘴边，又总是给自己找借口：“不就是螺丝拧歪了吗，又影响不了大局。”“不就是报表里错了一个数字么，下次注意点就行了。”“不就是文件页码装订错了么，下不为例就是了。”如此等等。

在平时的工作中，你是否说过诸如此类的话？如果有，我得郑重告诉你，或许这次你“侥幸”地过了，没有问题，那么你能保证每次都那么幸运吗？不一定！更糟糕的是，当问题出现的时候，你后悔都来不及了。古人说过，差之毫厘，谬以千里。凡事差不多，往往实在是差很多。

甲公司是一家大型汽车生产制造企业，阿豪和翰文同时来到公司。三年过去了，阿豪从最早的月薪三千涨到了月薪五千元，还是一线普通技工。翰文从最早的月薪三千涨到了月薪三万，成为公司生产部副经理。三年前拿着一样的薪资，三年后薪资水平差了不止 5 倍，是什么造成他们之间今天这么大的差距呢？

当年阿豪和翰文同在齿轮加工车间。他们在检查时，发现有一个齿轮的螺丝歪了，但是它的紧固度没有问题。阿豪认为这没有什么大不了的，所有六角螺丝的紧固度不可能都一丝不差，差不多就行了。翰文却坚持说：“不，如果这个螺丝歪了就可能导致汽车故障，引发车祸，我一定要把它拧正才行。”

有一次领导安排生产任务，让阿豪和翰文共同预定一下工期。阿豪说：“差不多 5 天可以完成，也许是 7 天，差不多就行了。”翰文直直地盯着阿豪，吼道："你知不知道？工期不能用差不多来定。看似是两三天的差距，但工期耽误了，按照合同就得给对方赔付损失，而且严重影响公司的声誉。"翰文实在是怒了！

阿豪总是对着翰文唠叨："差不多就好了，你这人太较真了。""公司又不是你的，你干吗这样呢？""加班工资又少，你那么计较做什么？"……阿豪每次工作都完成得差不多，始终以差不多的业绩贴地爬行。而翰文连续三年拿了全厂考核第一。期间他先是从车间调到了技术中心，后被公司提拔为生产部副经理。

短短三年时间，阿豪和翰文就有了这样的差距，再往后推演，两人的差距不可想象。

要完成一个项目，任何时候都要达到 100% 的完美。因为成败取决于"最后 1% 的努力"，哪怕 99% 都是很顺利的，但只要最后 1% 因疏忽而出了问题，那么前面的所有努力都会前功尽弃。所以，职场人士，千万不要将"差不多"挂在嘴边，更不要以此为借口敷衍工作，否则你就把自己害惨了！就如执着的手工艺人，在 100 多次敲击中，如果有一次打偏或者用力不当，便会使前面数十小时的工作付之一炬。这就需要以 100% 的完美要求自己，深度地投入到这项工作中来。

完美工作，是所有优秀员工追求的一种境界。它可以让一个默默工作的员工在公司里脱颖而出。什么是完美工作？完美工作就是以一种精益求精的态度要求自己，能做到最好，就必须做到最好。这或许听上去很苛刻，也很困难。但如果我们真心想把事情做到令人满意，除了做到"完美"之外别无他法。

想要成功，就必须生产出自己能力范围内最好的产品。平凡与伟大之间，差的就是那么一点认真，是否致力于深度工作。

在日本寿司界，小野二郎认了第二，没有人敢认第一。全日本只有两间三星级的寿司吧，小野二郎的小店就占了其一。这个小店有多火？据说，这个只有十个座位的小店，尽管需提前一个月订位，一餐规定 15 分钟，人均消费数百美元，还是引得许多来自世界各地的饕客慕名而来。吃过的人都会感叹，这是"值得一生等待的寿司"。区区一碟子寿司，为何会让这么多人趋之若鹜？

因为追求完美是小野二郎对待工作的态度。他永远以最好的标准要求自己，从最好的鱼贩子那里买鱼，从最好的虾贩子那里买虾，从最好的米贩子那里买米。从醋米的温度，到腌鱼的时间长短，再到按摩章鱼的力度，再到摆盘上桌，每一个环节都经过了缜密的评估和计算，用小野二郎自己的话说：“那是精确到秒的艺术。”

小野二郎穷其一生都在做寿司。他通过观察客人的用餐状况微调寿司，确保客人享受到终极美味。不工作时他永远戴着手套，连睡觉也不懈怠。他说：“你必须要爱你的工作，你必须要和你的工作坠入爱河……即使到了我这个年纪，工作也还没有达到完美的程度……我会继续攀爬，试图爬到顶峰，但没人知道顶峰在哪里……”这样深度工作的匠心精神，最终成就了一代大师。

试想，如果换作是“差不多先生”当寿司主厨，他哪里懂得要将寿司做到极致，心想，一口一个的小玩意，吃着能差得了多少？如此自然无法做出“神之寿司”。

优秀员工与普通员工的一个重要区别就是，在优秀员工的字典里，从来没有“差不多”的说法。对于他们来说，无论做任何事情，哪怕差一分一毫，都和没有做到无异。他们不会有任何的轻率疏忽，不会满足于做到八分、九分，而是力求达到最佳境地，努力做到十分，做到完美，做到极致。

世界上没有完人，也没有完美无缺的工作。我们并不否认，在一些事情上没必要花费百分之百的心血也可以完成，甚至也会让领导满意。可是你要知道，追求完美是一种重要的工匠精神。艺术家在创作的时候总是不断地追求完美，不断地修改自己的作品，直到达到心中完美的要求，最终也凭此成就自我。

工作的过程也是一个创作的过程，和艺术家创作的时候一样，都需要一种精益求精的精神。追求完美是一个坚持不懈的过程，对工作精益求精，时刻想着把工作做到完美。当我们每改掉工作中的一处不足时，当我们每一次获得进步时，我们的每一次改变都比以前更加接近完美，自然自身的能力、价值也会得以提升。

我刚进入一家业内知名的广告公司不久，便接到了策划总监交代的一项任务——为一家知名的 IT 厂商做一个新品发布会的策划方案。当时我自恃自己的能力还不错，轻轻松松地仅用一天时间就把方案做完了。但当我发电子版方案给策划总监看的时候，策划总监看都没看方案，却问了我一个问题："在你看来，这是你所能做的最好的方案了吗？能不能更好些呢？""或许我可以再改进一点，我想如果再作些改进的话，应该会更好。"我想了一下，小声地回答道，于是策划总监给了我一个"重做一份"的答复。

这一次我稍微认真了一些，用了两天的时间重新起草了一份方案。这次我觉得方案做得还可以。这一次，策划总监依然没有看方案，而是继续问了同样的问题："在你看来，这是你所能做的最好的方案了吗？能不能更好些呢？"听了策划总监的话，我顿时一怔，没敢回答，因为如果再给我几天的思考时间，我或许能做得更完善。策划总监笑了笑，随即轻轻地把方案退还给了我。我默默地走出了策划总监的办公室。这一次我下定决心一定要努力将方案做得更好。

几天之后，我彻底地将策划方案认真完善，做到了毫无纰漏。当策划总监看到这个方案的时候，依然问了那句话："在你看来，这是你能做的最好的方案吗？能不能更好些呢？"这一次，我毫不犹豫地回答道："是的，我认为这是最好的方案，比之前都更好了。"说完，只见策划总监点点头，说道："好，这个方案通过。"

策划总监并没有直接告诉我应该做什么，而是通过"能不能更好些呢？"这种严格的要求来告诉我，工作永远没有最好，只有更好。显然这样精益求精的工作态度不仅是对企业负责，也是对员工自身负责。我想，那位总监之所以能做到高位，应该和他这种追求完美的品质是分不开的。

你已经想过各种办法让你的工作更加完美了吗？

你已经做到完美了吗？还能再好一点吗？

你为了做好这项工作已经想尽所有的办法了吗？

……

做每一项工作时，我总要禁不住追问这几个问题，常常是一下就会被自己的问题所问倒，觉得还有很大的完善空间。不断地修改，不断地完善，就是不断地成熟进步，直到自己觉得问心无愧，才能将一项工作确定完成。这是我的一点认识，也是推进自身更好地完成工作的动力。

只有在思想上树立了完美的意识，我们才不会掉以轻心，才会事事去认真考虑，认真去做。当你能够做到这些的时候，你本身就比别人更好了。

小结：

把工作做得十分完美，这个目标并非高不可攀，也不是遥不可及。只要你在工作中严格要求自己，不轻率、不疏忽，把小事做细，把细节做精，就可以达到卓越的状态。切记，任何一个不起眼的疏忽和失误都会影响到做事的效果。别人忽视的，你看到了；别人没做的，你做到了。如果你能够做到这些，那么你就会脱颖而出。

慢慢来，其实比较快

现代社会竞争异常激烈，为了不落后于他人，很多人已经习惯了忙忙碌碌、你追我赶的生活。日程被排得满满当当的，工作的琐事堆满案头，只要有任务或者有事情等着自己去做，就会马上风风火火地行动起来，嘴里喊着快、快、快！遇到繁琐的事情恨不得来个“快刀斩乱麻”，想一下子把所有的问题都解决……

但这样做的结果往往是，希望越大，失望越大。有些人总是自怨自艾，认为自己时运不济，才会付出却得不到回报。但我认为，凡事都有自身的规律，需要循序渐进才行。我们要有一种紧迫感，这没有错，但这并不是说必须急于求成。一味地急吼吼地向前冲，由于时间、技术等诸多因素的影响，难免犯舍本求末的错误。

我曾在一本杂志上看过一则故事，可以说是对上述现象的很好说明：

一位农夫在地里种了两棵一样大的苹果树苗。几年之后，第一棵苹果树上果实累累，第二棵苹果树却瘦小枯萎，最后农夫便砍掉了它，做成干柴烧了。到底是什么原因造成它们截然不同的命运呢？

第一棵苹果树一种下去就拼命地从地下吸收养料，储备起来，滋润每一个枝干，积蓄力量，默默地盘算着怎么完善自身，向上生长。而第二棵苹果树虽然也是拼命地从地下吸收养料，却已经盘算着开花结果。第二年，第一棵苹果树长得身材茁壮，第二棵苹果树虽说已开花结果，可是这棵树还未完全成熟，便已经承担起了开花结果的责任。结果是，这一年第二棵苹果树累得弯了腰，结的果子也是又涩又苦。

时光飞转，终于有一天，久不开花的第一棵苹果树轻松地吐出花蕾，结的果子又大又甜。而那第二棵急于开花结果的苹果树实在经不起岁月的考验，而成了枯木。

“不积跬步，无以至千里。”荀子在《劝学篇》里如是说。

“罗马不是一天建成的。”这是西方人眼中的常识。

在互联网时代，时间就是金钱，效率最为人们所看重，一切讲的都是速度。速食、速背、速记……但学习和进步这种事，从来都是要靠脑子和心灵去一点一滴的体会，新鲜事物和新的知识才能浸润到生命里，而不是靠一个按钮来决定开始和停止。尤其是有深度的工作，特别容不得越快越好的心态。

比如学唱歌，任何一位歌唱家在开始的时候并不是直接就能演唱一曲完整的优美歌曲，而是选择一首歌慢慢推敲每一个音符，反反复复的练习。在常人听来，老是重复同一个音符，仿佛鸟儿一般唧唧喳喳的叫唤，然而正是这无数次简单旋律的慢慢重复，最终将会使得你完全掌握歌唱的各种技巧和方法，实现完美演唱的目标。

真正迅速的人，并非事情仅仅做得快，而是做得成功而有效的人。

阿尔道夫·门采尔是德国 19 世纪成就最大的画家。他是出了名的“慢工”，一年才会画出一幅画，有时甚至两三年才能有一幅画出来。但是他的画作一出来就被人们抢购了，而且价格昂贵。有一个年轻人也经常作画，但他的画总是很长时间卖不出去。他便去拜访门采尔，请他介绍成功的秘诀。

门采尔告诉青年画家说：“要学会秘诀，那就是多看多画。”

青年画家说：“我画得不少呀！有时一天就可以画好几张，但为什么总是卖不出去呢？”

门采尔笑着说：“你花一天画出来的画，估计十年也不一定能卖出去。你不妨倒过来试试，就是用一年的工夫去画一张画，我保证你一天就能卖出去。”

青年画家回到家后闭门不出，专心画画。他用了一年的时间画出了一幅新画。果然，不到一小时，这幅画就被人以高价买走了。

慢慢来，比较快，不走捷径就是最快的捷径。

“慢慢来，比较快。”这是我喜欢的一位导演最常说的一句话。这位导演是个慢性子，四十多岁的他从中央戏剧学院硕士毕业后只有两部作品，而上一部电影拍了整整五年。而这一电影，从最开始的积极合伙，到五年中制片人、合伙人、朋友、投资都慢慢撤出，他甚至穷困潦倒到了做家教来补贴生活的地步。但他却说：“电影是个精神产品，有自己的规律，它不能搞大跃进，我相信慢工出细活。”

据我了解，虽然遭遇了前所未有的困难，但该导演并没有一蹶不振。五年间他每天都会阅读大量的书籍，仔细研究好莱坞电影的剧本结构和制作方式，思考如何创造出一些全新的作品。在此期间，他不断地给自己的作品加入了细腻而坚韧的东西，使得整个电影不紧不慢，平淡之中透着张力。在忍耐中度过了五年时光，这部电影终于拍摄完成，收获了不少好评，还在国内获了大奖。

你工作很尽力，你打拼得很累，但也要时刻警醒自己，做任何工作都应该讲效率、重效益，但也务必讲质量、求精品。一桩桩具体的工作，有待我们循序渐进，要沉得下心，耐得住性子，踏踏实实做好眼前的工作，慢中求细，慢中求精，才能慢工出细活，更快地达到预定效果，成为最优秀的人 。

小结：

勤勉和努力固不可少，但不管到什么时候，方向比速度更重要。不要像老黄牛一样埋头拼命拉车，一定要保持清醒的头脑，客观、冷静的态度，随时反省和思索最根本的方向性问题，如此即使走得慢也能做出成效，从而避免忙碌而又毫无作为的瞎忙。

专注，才是当下最好的状态

这是一个高速发展的时代，每天各种信息纷至沓来，我们似乎总在焦虑——不间断地刷朋友圈，看看有没有什么新的八卦；每隔几分钟就拿起手机，忍不住查看一下微信；打开订阅号，直到上面的小红点全部消除才罢手……只要你能够细心观察，你就会发现，在投入到某项工作的时候，我们很难做到不分心。

一天的时间就在这样看似充实的忙碌中度过了，等到睡觉时你又会感到十分的困惑，明明接收了那么多信息却所得无几，明明每天都很忙很累却又总是毫无所得，为什么会这样?

这是一个专注力缺乏的时代。我们很难再专注于一件事情。我们越是分心，就越难深入的思考；思考时间越短，得到的有效信息就越少。

我们知道，一个人的精力是有限的，三心二意，或者一心两用，这都是不行的。试想，一件事情应当用100%的心思才能完成，而你却在头脑里想着其他事情，注意力向四面八方分散，其结果不言而喻：将工作搞得一团糟，做事效率大打折扣，不仅浪费了宝贵的时间，还凸显不出你的能力！

从古到今，各行各业成功的窍门是什么？学习成功的窍门是什么？每个人的回答可能不一样，然而成功者都具有一个必备的品格，那就是专注！

专注就是把注意力全部集中到某件事物、某件工作上面，心无旁骛，达到一种“忘我”的境界。你很专注地干过一件事情吗？忽略外界的纷扰，全身心地投入，把精力和智慧都用到眼前要做的事情上？有过亲身体会的人会知道，专注的力量很强大。一旦达到那种状态，你就没有了自我的概念。所有的精力集中到了一点，你的做事效率会大大提高，而且能把自身的潜力发挥到极致。

某一俱乐部正在进行一场激烈的围棋比赛，但一位教练却被观众中的一个儿童所吸引了——这个小孩在棋盘旁整整站了一上午，注意力高度集中，目不转睛地盯着棋盘。他似乎忘记了周围的一切。看来，孩子入迷了。第二天，教练看见这个小孩又来了，又专心致志地看了一上午，甚至连旁边的零食都没有看一眼。一个孩子有这样好的注意品质，确实难能可贵，一个好苗子被教练发现了。

就这样，6岁的上海儿童常昊被吸收进了围棋队。在学习围棋的时候，常昊总是能聚精会神地专注于下棋。只要一坐在棋盘桌前，他满脑子里似乎就只有下棋。结果，不管周围怎么吵闹，不管处在什么环境，都分散不了他的注意力。仅仅学习了三年下棋，常昊就获得了第一届全国“棋童杯”围棋赛冠军，之后又先后获得第三届全国“棋童杯”围棋赛冠军、第五届世界青少年围棋锦标赛冠军、第12届世界业余围棋锦标赛冠军。他还曾在被让四子的情况下，战胜过日本“棋圣”，成为世界著名的围棋冠军。

事实上，在常昊打入第一次世界大赛之前，他也体验过一次“失败”的滋味。那是1994年，第九届中日围棋擂台赛。常昊清晰地记得，当时“想赢的念头”像是一个梦魇，随时跑出来，打乱自己。他的状态就如同梦游，换句话说，考虑的净是些棋盘之外的事情，结果以失败告终。后来，他告诉自己；“当你的心离开了棋盘就离输不远了。”这是一句经验之谈。

有一次，一位记者前来访问常昊。常昊当时正在练习下棋。他向记者打过招呼，示意稍等一下，之后仍然继续下棋。就这样，一个小时过去了，期间常昊把所有的精力都放在下棋上了。他太专注了，都忘记了记者还在等着自己，这期间更没有对记者说过一句话。当他终于下完棋，想站起来活动一下时，突然看到了记者，这才抱歉地说道：“不好意思，我居然把你忘记了，可是你知道……”

常昊是如此聚精会神地专注于下棋上。他之所以能够成为世界级别的围棋冠军，原因之一就是因为他的注意力高度集中和长时间稳定。

美国畅销书作家卡尔·纽波特在他的著作《深度工作》中阐释：“深度工作是在无干扰的状态下专注进行职业活动，使个人的认知能力达到极限。这种努力能够创造新价值，提升技能，而且难以复制。”的确，思考过程是循序渐进的，刚开始是浅思考，还在直觉状态，如同一个复印机要使用之前，需要先热机一样。等到进入纯粹而专注的阶段，才开始启用理性的思维，想得比较深入，灵感和想法迸发的速度也更快。

从这一点来讲，人生的深度与专注的程度密不可分。

一个现实问题是，我们在工作中每天可能要面临许许多多的事情：接听响个不停的电话、接待客户来访、参加一个接一个的会议、参加朋友聚会、照顾家人等。面对这些忙碌的事情，我们很难做到专心致志，甚至需要在几件活动之间不断地换来换去。这就很可能手忙脚乱，把事情弄得一团糟。

怎么办？不要再以事情太多、时间太少为借口，我们应该把自己想象成一只蜜蜂。春天会有成千上万朵花，但我们永远也没有办法同时采两朵花的花粉，我们只能一朵一朵地采。也就是说，我们每一天都有许多事情要做，但即使工作任务再多，再繁杂，也要一件一件地进行，做完一件事情就了结一件事。全神贯注于正在做的事情，集中精力处理完毕后，再把注意力转向其他事情，着手进行下一项工作。如此，才有可能忙中有序，把事情处理得井井有条，让自己的努力更有价值。

我写文章时有一个习惯，就是断网和关手机，一心一意地先把文章写完再说，写完后再做别的。即使我上了QQ、微信，开了邮箱，对于那些留言或要回复的信息，我也会推后一点。所以大家无论在QQ还是微信上给我留言，都很少能第一时间得到回复。这并非我对人不尊重，也不是说别人的留言不重要，而是我想全身心地投入到写作中去，而不想让自己被乱七八糟的事情打扰。

据我的观察，这一点很多人都很难做到。常常有人对我说，本来想写一篇文章的，可就是忍不住刷朋友圈。本来想看一会书的，可就是忍不住刷网页。这样三心二意，身在曹营心在汉，怎么可能快速又高质量地完成你想完成的事呢？你控制不住自己，再好的方法也是白搭。这世上所有看起来很复杂的事情，其实都非常简单，你自控力差，即使给你一万种方法，你也还是那个样子。

每次都只专注于一个工作目标，把所有的注意力都集中在正在做的那件事上，效率才会高，效果才会好。在注意力分散的时候，我们要及时察觉，并在心里马上给自己喊"停"，把心中的杂念排除。面对各种不可避免的干扰因素，也要及时地对自己进行积极暗示，督促自己一心一意地去做事。

还有一点，就是要找出你的黄金时间。何谓黄金时间？就是你精力最好，头脑最清醒，最容易专注，而且周围环境会相对安静的时刻。这个时间最好在一小时以上，可以让你静下心来做一天当中最核心的工作，而且效率极高。这个时间需要你自己去寻找，因为每个人的情况都不同，不能等同视之。

小结：

专注并不代表着你只能工作，工作，再工作。在你生产力不高时，采用放松式的休息更有效。暂时离开工作的地方，散散步，喝杯水，或者听听音乐，放松一下，等等，都有助于你重新焕发精神，集中精力来完成手头上的工作，使你的生产效率最大化，而不至于把自己弄得筋疲力尽。

先“大事化小”，再“小题大做”

在职场中，你有没有遇到过这样的情况，看到重要的工作就头大？每次接到一个复杂的任务时，情绪几乎是完全崩溃的，工作繁忙得如无头苍蝇，毫无章法，想到什么就去做什么，事情总是变得一团糟！

为什么会有这种现象？此时，不少人会抱怨，工作任务太繁重、事情太庞杂、时间不够用、超出个体能力，等等。但请注意，这些都不是合理的理由，只是你无能的借口罢了。

2016 年，我曾有幸在一个朋友那里见识了埃隆·马斯克制作的一份 PPT。这是埃隆·马斯克在一届国际宇航大会上发布火星殖民计划演讲时用的。这个计划的目标是用宇宙飞船每次携带 200 位乘客前去火星，旅行的时间将会在 80 天左右。通过大概 20~50 次的火星运输，能在火星上建立起一个完全自给自足的城市。预计 40~100 年后，也许会有 100 万人在火星上生存繁衍。

这个目标是不是很宏伟？反过来说，是不是显得很扯？反正我第一次听到的时候，是不太相信的。虽然马斯克是个创业天才以及科技天才，虽然他已经完成了私人公司发射火箭的壮举，造出了全世界最好的电动汽车，但我仍然觉得这是一个太疯狂的想法。不过，通过这份 PPT 了解了马斯克的思考过程后，我改变了这种认识。

首先，马斯克说，火星移民面临的最大问题不是科技，是钱。要花多少钱呢？去一趟火星，一个人 100 亿美金！马斯克希望把去一次火星的成本，从 100 亿美金，降到和买一栋小房子的价钱差不多，大概是 20 万美元，约合人民币 130

万左右。这样就会有很多人愿意去一趟。这样思考下来，火星移民就变成了一个可以操作的资本问题。

那么，如何把火星到地球的运输成本降低 5 万倍呢？马斯克指出了四个方向：

第一，火箭重复使用。马斯克于 2012 年成立了 SpaceX 公司，2015 年底就实现了火箭发射以后的再回收，说明这件事是可行的。

第二，飞船如果直接载满整个太空航行所需要的燃料，再发射，火箭就会非常沉重，成本很高昂。怎么办？马斯克说，先用火箭推进器把飞船送到太空，然后在太空轨道补给燃料。采用这种方式，可以使前往火星的成本降低 500 倍。

第三，在火星上制造燃料。这同样是为了解决燃料负重的问题，又降低了好多倍的发射成本。

第四，使用正确的燃料，既轻便，又耐烧。马斯克对比了可能的几个选项，比如煤油、氢氧气等，最后认为甲烷是更好的选择。因为甲烷在火星上制造起来相当容易。

经过这轮分析，马斯克就把一个天方夜谭般的技术难题和资本难题，拆解成了一系列非常具体的技术问题。

听到这里，你是不是也和我一样，觉得火星殖民这件事好像靠谱了很多。这就是马斯克厉害的地方。他做特斯拉汽车，做超级高铁，做脑机互联，这些每一个听起来都很科幻，但是他将这些拆成具体的步骤，一点点地想办法，最终有了实现的可能。

怎样判断一个人的工作能力？我认为其实很简单，不是他的学历有多高，本事有多大，而是遇到一个难以应付和完成的大任务时，他的第一反应不是有畏难情绪和抱怨情绪，而是不管这个任务有多艰巨，第一反应都应该是分解问题，把一个大目标分解成小任务。这是一种化繁为简的能力。

我们不可能一口吃下一头大象，但将大象宰杀成一小片一小片后就很容易入口。同样，将整个任务分割成一个个易处理的子任务，或者多个步骤，这样就降低了对大任务的恐惧感，而且从一个个小任务（步骤）入手各个击破，往前推进就变得比较容易了。这样利用积累的方法就能轻松地完成非常复杂的重要事务。

很多时候我们觉得问题难以解决并不是因为缺少信息，往往是因为信息太多，使我们看不到问题的本质，才造成解决不了的困境。当遇到很多问题一起出现的时候，我们不要被复杂事物的表面蒙蔽。当我们条理清晰地将问题解剖开来，抓住问题的本质，往往会发现其实只是一个很小、很简单的问题。

譬如，你计划看一本管理书，但这本书看起来很厚，洋洋洒洒有二三十万字，你是不是很容易就吓得没有了阅读兴趣？心想读完这本书要到猴年马月了。此时，我建议你不妨将书分成几个部分，一天阅读一个部分。如果你能坚持每天阅读五千字，那么两个月的时间你就能读完这本书，是不是？

假设你有 8 小时的工作时间，你的目标是今天整理 12 份文件，那么可以先将时间分成四段，每两小时做三份文件，一小时做一份半。在这一小时内，你就专注于这一份半文件，不要想后面还有多少。你会发现，棘手的问题不再那么难办，心理负担也会小很多。也许你不用一小时就可以做完那一份半文件，休息一下再冲刺！

这就像是攀岩，有了一个个连续的抓手，爬上顶就不再那么困难。

就拿我自己来说，我曾接到过一个艰巨的任务——利用一个月的时间拓展 100 个新客户。刚接到这一任务时，我有一种头乱如麻之感，不知从何入手。但深呼吸几秒后，我决定利用大事化小的方法来处理。我将这一个月的工作量分割到每天，每天打通 10 个陌生电话，拜访 3 个潜在客户，并同时跟进 2 个转化中的客户。你看，把任务分解到这个份上，我就可以马上动手干活了。事实证明，这项重任我完成得非常好。本着这种工作方法，遇到再艰巨的工作任务，我都不会找借口。

很多事的成功与否常常取决于我们是否精心策划了每一个行动，是周密筹谋，还是鲁莽草率。有些人之所以失败，就败在缺乏思考，轻率行事，而不是精心策划。由此可见，工作效率的中心问题是：你对工作策划得如何，而不是你如何努力。

从现在开始，丢掉那些无力的借口，好好策划你的工作吧。

小结：

每个任务的状态都是可以量化的，采用自上而下的方法，从项目的目标开始，逐级分解任务，原则上要求任务简单到“一看就会做”，并且通常在一小时内就可以完成。在这个过程中，顺手把前后顺序排好，然后就一件一件的开始“粉碎”吧。

第四章

意外太多是借口，计划不力是祸首

相当一部分职场人士，总习惯把领导的吩咐、上级的文件、同行的打扰、突发的事件等，当作自己完不成工作的借口。殊不知，阻碍我们的从来不是各种意外，而是计划外工作引起的恶性循环。因此必须制订切实可行的计划，按照自己的计划去努力工作。每天让计划逐步得到落实，你就会逐步成为工作的主宰，天长日久就会不断地成长壮大！

也许你所需要的只是一个计划

或奔波于上下班途中，或穿梭于单位各部门之间，或坐在电脑旁处理一大堆文件、材料……繁忙的工作任务、沉重的压力和责任，是不是让你觉得工作杂乱无章，忙碌而且没有效率，似乎永远没有出头之日？你想改变这种状态吗？答案当然是“想”，那么如何做呢？明确你的目标，制订工作计划。

工作计划是对即将开展的工作的设想和安排，如提出任务、指标、完成时间和步骤方法等。它是行动的指南，是效率的保证。

交易界有句名言：“Plan your trade，trade your plan.”即：计划你的交易，交易你的计划。我不是一个古板的人，但我十分推崇任何事都必须做一个计划出来。因为人是有一定惰性的，仅靠人的自觉来完成一项工作，很容易出现一些想象不到的偏差，如完成时间滞后，质量水平降低，埋下隐患，等等。但是，如果制订好一个计划，有一个量化指标，按照计划的步骤、要求来完成一项工作，做起事情来就会变得有条理，时间就会变得充足，效率才会有提高，结果才有可能更令人满意。

在电视连续剧《我的兄弟叫顺溜》中，新四军为了成功射杀日本华东军司令员石原，给狙击手们制订了一个周密的作战计划：遵守纪律，小心行事，不能暴露自己的身份；在每一条可能的通道上布置火力，严阵以待；要有耐心，只有目标出现在射程之内时才能开枪。按照这样的计划，顺溜一枪成功击毙了石原。如果没有这样的作战计划，顺溜想当然地行事，那结局恐怕就大不一样了。

成功的人每天都在忙碌，平庸的人每天也在忙碌。时间对每个人来说是绝对公平的，那么，两者之间的差距到底是如何产生的呢？关键就在于，有些人事先都有完善的工作计划，每时每刻都知道需要做什么事，完成的每一份工作也都在计划之中。工作有计划，有条理，达到良性循环。

那接下来我们就说说，怎么做好工作计划。工作计划不是简单说说的，也不是写给领导看的，内容远比形式来得重要，必须做好 5W1H。

5W1H 即英文单词 What、When、Where、Who、Why 以及 How 的首字母。What，这是你的工作计划内容。然后，你计划什么时间完成或在什么时间段完成，即 When。你的项目由谁实施或需要哪些人协助实施，即 Who。你的项目将在哪里完成即 Where。你的项目有什么意义，为何要做，即 Why。接下来，我们就可以选择如何去进行你的项目了，即 How。

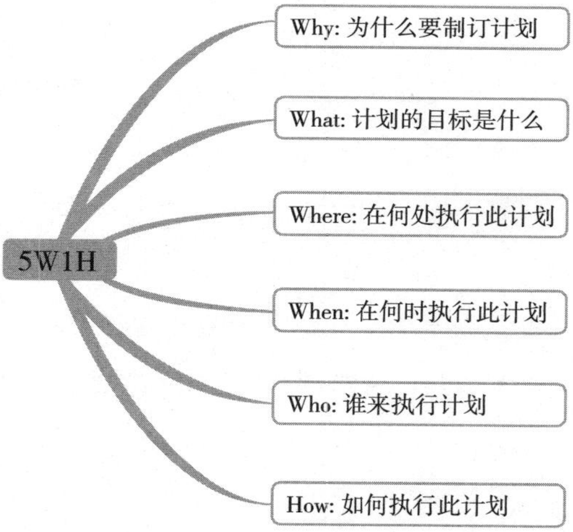

图 4.1　有效计划的 6 要素

通过 5W1H 的计划分解，你是不是可以很清楚地看到如何进行你的工作了，而且每项内容都可以找到对应的入手方式。

这就是计划的作用——一切尽在掌握。其实，制订工作计划的过程也是一个思考工作的过程。通过对 5W1H 的计划分解，你基本上对某个项目已经做到心里有谱了，工作思路理清了，做起来自然就“水到渠成”了。即使是出现一些意外，其最后结果一般也不会有太大的差异。

不过，工作中有很多事情并不是按照计划发生的。有些会打破我们的原有计划，开创出一条特例来。有时候还可能会颠覆我们原有的计划。比如，你需要临时参加一场紧急会议，有些人答应做的事情没做，有人没经你同意就擅自修改了你的计划，等等。此时，不少人总是为自己找借口说，工作不力是因计划赶不上变化。

就拿我自己来说，我喜欢在清晨的一两个小时完成大部分的写作计划。这时候，家人都尚未起床，正适合我静心思考。但如果我的孩子早早醒来上楼来找我呢？我的计划肯定就会被打乱了。我该如何应对呢？或者，我早上上班前一般会在户外跑步半小时，可偏偏办公室来了一个紧急电话，我是不是就只能放弃跑步呢？

绝大部分时候，我会用灵活代替刻板。比如，在做计划的时候留有余地，时间上不要排得太紧、太满，早晨完不成的写作计划，可以利用晚上休闲的时间完成。比如，提前做好预备方案，原打算坐飞机出差，但天气发生变化，航班需要延误两天，此时不抱怨，不等待，重新做一种选择，坐火车或汽车。

制订计划时一定要保持灵活性。灵活应变，不是说改变计划的方向，而是改变计划的实现方式。你的计划中灵活性越强，由偶发或突发事件带来的风险就越小。我们必须明白，必然有一定比例的计划是要遇到变化的。当你对这种必然的变化做到了心中有底之后，当计划遇到变化时就不会变得紧张无措、手忙脚乱了。

如何在混乱中制订适合自己的计划，如何应对各种变数最终实践自己的计划，是对职场人最大的考验。就比如美国著名电视剧《越狱》里的迈克，策划了这么久的越狱，虽然有那么多变数，最后还是成功越狱了。如果我们也给工作制订一个计划，而且像迈克一样去努力，没有理由不成功，不富有。

小结：

一个计划最终能不能实现，取决于能不能按计划执行。即使再完美的工作计划，如果不能强有力地执行，最终也只能是纸上谈兵。所以，计划制订好后千万别找任何借口，最有效的方式就是将计划变成执行，从“思考的速度”和“工作的速度”两方面入手，既要想得快，又要做得快。

为什么你的计划总会失败？

有计划，才有行动的方向。职场中不少人会制订工作计划，但同时也有不少人总是抱怨“梦想很丰满，现实很骨感”，抱怨计划总是赶不上变化，抱怨计划与实际总是相差甚远，抱怨自己步步撞墙、到处碰壁。其实要我说，很多时候其实并不是实现计划太难，而是你的计划不符合实际，志大才疏罢了。

小张是某省会城市的一个普通工薪族，月薪大约四千元。这个收入水平在二线城市很普遍。小张对自己的收入并不满意。他羡慕那些月薪上万的人，羡慕别人说走就走到处游玩的自由，于是给自己定下了年薪十万的目标。虽然小张工作也很努力，但他既没有过人的能力，又没有丰富的经验，结果是年薪十万的目标迟迟不能实现。这让小张很有一种挫败感，逢人便抱怨自己时运不济。

经人介绍，小张辗转找到我求助。我认为，小张目前的能力与年薪十万的目标相差有些大，便建议他不妨先把薪资目标定位在每月六千元。在这个阶段，我鼓励小张一切从零开始，多学习，多经历，多积累。小张逐渐成长起来了，能力提升了，经验丰富了，慢慢把收入提高到了每月六千元，然后是八千元、一万元。慢慢地小张随着自己的成长而不断地提高目标水平，最终小张通过努力实现了年薪十万的目标。

任何计划都不是凭空拍脑袋拍出来的，而是需要多方面的考察，尤其要结合自己的实际情况、现实条件、个人能力、时间等。适合你自己的计划，应该以事实为基础，以能力和意志为桥梁，是能够看得见并且触之可及的东西。也只有这样的计划才是可以实现的。这里的关键在于，计划要明确具体，最好要量化。

山田本一原是一名名不见经传的日本运动员。后来他在 1984 年东京国际马拉松邀请赛、1986 年意大利国际马拉松邀请赛上，先后出人意外地夺得了世界冠军，一时间轰动了整个世界。每次当记者询问山田本一凭什么取得惊人的成绩时，不善言谈的山田本一都用同样的一句话回答："用智慧战胜对手。"当时，许多人都认为山田本一是在故弄玄虚。毕竟马拉松比赛是一项非常考验体力和耐力的运动。

10 年后，这个谜终于被解开了。山田本一在自传中说："起初比赛时，我总是把目标定在 40 多公里外的终点线上，结果跑到十几公里时我就疲惫不堪、力不从心了。后来，我把比赛目标进行了细化。每次比赛之前，我都要乘车把比赛的线路仔细地察看一遍，并把沿途比较醒目的标志画下来。比如，第一个标志是黄色的房子，第二个标志是一棵大树……这样一直画到赛程终点。比赛开始后，我就以百米的速度奋力地向第一个目标冲去，抵达目标后我又以同样的速度向第二个目标冲去，就这样 40 多公里的赛程我的情绪一直很高涨，如此便能轻松地跑下来了……"

看到了吧，计划是一步一步地实现的。计划的实现应该由小计划到大计划，一步一个台阶地去前进。如果你发现，有些目标即使通过努力，也难以达成，那只能说明这个计划还不适合你，超出了你目前的能力极限。好好思考一下你现在的能力，能做什么，不能做什么，重新调整你的计划吧。

在制订计划时，不少人经常使用："我决定提高自己的策划能力……""今后我要努力工作，争取更大进步……"等等。殊不知这样笼统的目标设定对工作思绪的整理并无大益，也不能产生足够的动力。那么，怎样实现"提高自己的策划能力”的目标呢？你可以将目标具体化，比如：一周读一本策划方面的书，学习技巧和方法；经常参与活动的组织策划，锻炼沟通协调和组织策划能力，等等。

刚毕业参加工作时，我希望像“中国首富”李嘉诚一样功成名就。那是我的学生时代不知天高地厚的狂妄目标，以至于我参加工作之后始终有一种挫败感。后来，我意识到了自己有多么的好高骛远，怎么就不懂得从自己的实际出发呢？之后，我的目标就比较务实了，希望能像自己的上司一样有能力，希望两年之内实现工资翻倍，希望多挣些钱好好照顾父母。按照这个原则开始每天的工作，我发现自己会有更多的成就感，获得了意想不到的能力提升，重要的是我是一个说到做到的人。

再比如，当我打算写一本25万字的书时，一旦确定了书的主题和框架，我便不再考虑整个写作计划有多么繁重，我想的只是下一节、下一页甚至下一段我该怎么写。如此写作目标变得清晰且有可行性。在六个月当中，除了一段一段地开始写作之外，我没想过其他方法，结果这本书就水到渠成地完成了。

能够通过努力实现的计划，才有真正的实际价值。

别再想着用一年的时间去买房买车，想想努力租个更好的公寓；别再想着写写文字走天涯，想想找个差不多的工作朝九晚五，让自己看起来是个靠谱青年；先别想着什么飞黄腾达，让领导刮目相看，而是先给自己制订一些小目标，比如这个月完成一个什么样的业绩，这半年取得什么进步，等等。

所以，当你的计划总是失败，当你在工作中陷入迷茫时，不必怀疑自己的能力，甚至以此为借口放弃努力，不妨在做计划之前考虑主客观的现实情况，给自己设立一个明确、具体的计划，而且具有现实可行性。当你的计划越契合实际时，你就越能稳步前行。一切都会顺理成章地发展，直到产生好的结果。

小结：

事业是一个长期的耕耘过程，也是一个由量变到质变的过程。把所有的计划写在你的进度表上，可以加上分类和时间段长度，例如年计划、月计划、日计划。每天的行动必须要落实到日计划上，不断地印证自己的计划，随时记录，随时调整，随时进步，就将改变很多不良的工作状态。

做最坏的打算，促成最好的结果

以前我行动前总习惯把事情想得太美好，以为所有事情都会朝好的方向发展，最后却发现常常事与愿违。这可能就是希望越大，失望越大的意思。直到后来偶然听说了“墨菲定律”，我才释然。“墨菲定律”说“凡是可能出错的事有很大的概率会出错”。就是说任何一个事件，只要具有大于零的概率，就不能够假设它不会发生。于是，我突发奇想：是不是把事情往最坏的方向去想，上天会给予我一个好一点儿的结果呢？奇怪的是，经过这样的思维转换，事情的结果真的会好很多。比如，在工作中遇到难题时，我总先考虑最糟的情况，先做当遇到最坏情况时的应对计划，然后努力整理出可执行的并且能争取更好或最好结果的方案。

工作几年后，我曾自主创业，主营净水器生产和销售业务。我一心想做一番事业，平时对工作要求严格，在业界受到一致好评和认同。但是由于一次工作疏忽，公司制造出的一批净水器没有达到客户要求的高质量，结果产品都被退了回来。这批净水器已经是目前能做的最高水平了。但是客户的要求有些太苛刻了，我对此感到十分无助，心里难过极了。后来我提醒自己，先想想最坏的结果是什么？最坏的结果无非是将这一批净水器拆掉，投下的三十万元全打了“水漂”。即便如此，我还有一个温馨的家庭、一个健康的身体，如此还有什么可忧虑的。我不如静下心来，好好想一想对策。

接下来，我不再整天忧心忡忡，而是全身心地投入到公司的运营中，平静地把时间和精力用来试着改善那种最坏的情况。我和技术人员先先后后做了几次试验之后，没想到我们居然找到了突破点，发现如果再多花几千元加装一些设备，净水器的质量就可以提高好几个档次。这样一来客户的问题就可以解决了。我立马加装了一些新设备。事情终于出现了转机。这一批净水器完全达到了质量指标。结果公司不但没有损失多少资金，反而创造了一项技术专利，我的事业获得了更大的发展，赢得了众人的肯定。

可能有人会说，一开始就做好最坏的打算，这不是对自己缺乏信心吗？其实不然，完成一件事情，你的幸福感是与心理预期成反比的。心理预期越高，在事情做完后，你就越倾向于“这本来就是理所当然的”，幸福感便会越低。只有降低预期，预想最坏的结果并提前接受，才能少一些戾气，多一些淡然。

“能接受最坏的结局，就能接受眼前的一切。”戴尔·卡耐基如是说。

是的，在估算接下来所做事情的时候，如果你连最坏的结果都能接受，那么内心还有什么是不能承受的呢？当你能接受最坏的打算时，就会更有底气，更有信心，就可以放心大胆地去做事，这样成功率更高。即便事情真的朝坏的一面发展，因为有所准备，我们也不会惊慌失措，而且可以镇定地挽救。

琳琳在一个单位做职员，今年35岁，有一个5岁的孩子。琳琳毕业于一所市级的普通师范类学校，之后在一所小学做教书工作，日子过得安安稳稳。但是琳琳觉得自己的起点还是太低了，便决定考研。当琳琳和家人说了这一想法时，大家纷纷劝她。考研不是一件容易的事情，更别提琳琳一边忙工作，一边照顾孩子了，根本不可能做到。琳琳一开始也有所犹豫，但再三权衡，她开始变得很坦然：“如果我以当前的文凭工作下去，工资不高，提升无望。考研虽然有风险，但毕竟有希望，路会越走越宽。最糟糕的结果无非是考研失败，浪费几个月的时间而已。”

人生能有几回搏？琳琳报名考研后立即在网上买了一大摞参考书，包括各科目的复习题目、备考笔记、历年真题……当时只有三四个月的准备时间。不过琳琳给自己制订了严格的复习计划，一个月掌握一本参考书的精华，真题做一遍不够，就做第二遍……这种一边工作一边考研的生活，最大的难题无疑是时间不够用。为此，当别人可以早早上床抱着手机刷朋友圈时，琳琳却坐在桌前拿着试题不断刷题，一直学到夜里 12 点左右。早上 5 点，当老公和孩子还在梦乡时，琳琳已经开始起床默背英语。上班的时候她还得集中精神，保证工作不能出错，并能够及时完成。只有这样，她才能确保自己复习的节奏不被打乱。很多时候时间冲突很激烈，比如，琳琳几乎每个月都需要出差一两天。这让琳琳知道如何去安排利用自己的时间。比如，上下班在公交地铁里的时间、上厕所时的时间，琳琳都会充分利用起来，背几个英语单词，回想做过的习题等。她从不停歇，没有休息，没有娱乐。

最终，琳琳通过自己的拼命努力，实现了自己的读研梦，让自己的起点立即提高了很多。

如果你能够像琳琳一样，凡事做最坏的打算，并且提前想好应对措施，那么好事就会不请自来。

工作中，我们都可能会遇到这种或那种问题，也可能会暂时遇到各种困境。这时候，我们不要先找借口退缩或逃避，而要积极主动地去面对问题，即便做最坏的打算，仍要积极地去面对，用最好的自己去迎战，尽自己最大的努力去追求好的结果。这样即使最终结果不如意，也不会有什么遗憾。

小结：

做最坏的打算，是要对问题引起足够的重视。重视并不等于把问题想得完全不能解决了，而是要预估可能会遇到的困难，尽全力把应对方案做得更加完善，不管是心理上的，还是对策上的。只有对困难估算得更精准，更全面，我们才能做好更充分的准备，大大提升自己解决问题的概率。

第一次把事情做好，预防远胜过救火

在职场中，最没有效率的事情就是第一次做不到位，然后还要推倒重来。

我曾经在一次讲座上做过一个小实验。我拿出一个螺丝钉和一张关于如何安装螺丝钉的说明书，然后询问在场的人："各位能顺利地将螺丝钉安装上吗？"很多人肯定地回答："会，当然会！"可结果是，80% 的人没有将螺丝钉拧好，因为他们没有认真看说明书。他们会在第二次、第三次失败之后，才想起看说明书，然后恍然大悟。

我们为什么总是做不对？我们为什么总是会犯一些幼稚的错误？答案很简单：缺乏第一次就做到位的意识和能力！就比如生活中，有些人坐在沙发上不愿意起身，往垃圾桶里扔一团卫生纸。原想少走两步路，结果没有命中。只好弯腰捡起来再扔，做重复劳动，白白浪费自己的时间和精力。

听到这里，有人可能会找借口反驳："任何人都可能犯错，第一次没做到位情有可原，我还有第二次、第三次嘛！"但我要告诉你，商界和职场竞争如此激烈，第一次没有做到位，就不会再有第二次，没有人愿意为你的失误二次埋单。这听起来似乎不近情理，但这就是事实，你必须认清。

一家广告公司的员工小李就犯过这样的错误。在给客户制作广告宣传页的时候，他不小心把客户联系电话中的一个数字弄错了。当他们把已经制作好的宣传单交付给客户时，客户因为时间非常紧，第二天就要在产品新闻发布会上使用宣传单，因此没有详细审核就接收了。新闻发布会结束后，在整理剩下的宣传单时，客户发现了这个关键错误，而此时宣传单已发放了一万多份。

客户非常气愤，便向广告公司要求巨额赔偿。由于错在自己，再加上客户召开新闻发布会的费用的确很大，广告公司只好依据客户的要求进行赔偿。为此，公司不仅赔偿了客户大部分的经济损失，而且整个部门召集全体相关工作人员，放下手头工作，加班加点地迅速重做了一批宣传页。

虽然广告公司损失巨大，但是事情并未就此结束。这件事情被其他客户得知后，广告公司的信誉受到了极大的影响，生意越来越少，因为没有人再敢把自己的业务交给他们去做，害怕再次出现差错给自己带来不必要的损失。事后，小李不仅受到了公司的严厉惩罚，还被辞退了。

在实际工作中，开始的一个小失误导致了一连串的工作麻烦，像这样的事情几乎每天都在发生：工作失误要花时间来修正，产品质量出现问题要花时间来返工，技术不过关要靠培训来弥补，工作陷入不断地反复和重复中……而且，你即使再忙碌、再辛苦，工作也不会高效，因为你一直在为自己的错误埋单。

所以，与其不断地解决因没有把工作做对而产生的问题，陷入费力不讨好的“无用功”。倒不如当初认真做好手头的事情，不要心存“还有下一次”的侥幸心理，一开始就想怎样把事情做对做好，争取一次性解决问题，一次就把事情做对，做到位。这正是提高工作效率和获得机遇的重要一步。

在这里，我想谈谈我一个远房大伯的故事。

大伯身在一个偏远山区的小村庄。村里非常缺水，一到下雨的时候，人们就利用各种盆盆罐罐接雨水，否则，就要走很远的路去挑水。为了解决水源问题，村里的人决定修建一个蓄水池，然后雇人每天给村里的村民们送水，省得村子里每一家都要辛苦地挑水。大伯和邻居老田自告奋勇地承担了这个工作。

接手了这个工作之后，老田立刻挑起水桶干了起来。他每日奔波于远处的河流和村庄之间，打水运回村子，然后倒在蓄水池中供村民们使用。他起早贪黑地干着，累得半死。不过，好歹村民们的吃水问题得到解决了，老田也得到了村民们给的报酬。因此，他对自己的这份工作还是非常满意的。而大伯，接下这个工作之后就神秘地消失了。整整一个星期，人们都没有看见他的人影儿。大家都觉得大伯是不是偷懒躲起来了，可是这样他也挣不到钱。老田则暗地里很开心，少了大伯这个身强力壮的竞争对手，自己算是“垄断”了这个工作，尽管每天挑水很累，但是能挣到钱总是好的。

那么，大伯到底干什么去了呢？原来他跑到几十里外的山里去砍竹子去了。竹子砍倒以后，他把它们一根根的都打通。一周以后，他拉着一大车打通的竹子回到了村里。他请了一位做水车的师傅，在河边架起一座高高的水车，然后用打通的竹子做管道，就这样建起了一个“自来水”输送系统。清水哗哗地沿着管道流进了水池中。就这样，这个干旱的村子轻轻松松地就彻底告别了缺水的日子。不仅如此，大伯还把这些竹子管道接到了其他缺水的村庄。现在他一个人同时为三个村庄送水，赚的钱远远比挑水的老田多，而且轻松得多。每天大伯只要按时检查一下水车是否在正常工作和管道有没有漏水就行了。再后来，大伯一个人包揽了输水的工作，老田也就失业了。

我们应该从这个例子中得到某些启发，老田每天都累得筋疲力尽，日复一日地工作，最后却落了个失业的下场。而大伯一次性地把问题解决了，从此一劳永逸。很显然，就工作效率而言，一次性解决问题是最好的，尽管有投机取巧之嫌，但是代价做小，收益最大，是最高效的工作方法。

如果你有能力，很卖力，工作效率却远远落后于他人，不要疑惑，不要抱怨，你应该时常问问自己是否能第一次就把事情做好。如果答案是否定的，这就是你无法取胜的原因。如果你想有所改变，就要牢记，做事情要么干脆别动手，要么就一次性做好。对此，没有任何商量和回旋的余地。

小结：

“第一次就把事情做到位”的前提是要有正确的工作目标和工作方向。如果工作目标和工作方向本身不正确，工作做得越好，浪费的成本越多，造成的损失也就越大。这就要求我们在工作之前，切忌不懂装懂、随性而为，要知道工作要求和工作标准，在此基础上力争做到最好。

列出时间表，量化每一步

生活在当今这个生活节奏紧凑的年代里，我们似乎每天都没有充裕的时间去做完想做的事，所以许多念头就此打消了，许多计划就此蹉跎了。生活中，常听到这样的抱怨：“我的时间不够用，许多要干的事都没有干。”“现在根本没时间，这件事等以后再做吧。”“等我有时间的时候再做。”……

真的怪时间吗？问题究竟出在哪里？

曙光曾是我所在一家广告公司的设计师，没有谁会否认曙光是一个才华横溢的设计师，但是他时常不能按时完成工作任务。

一次，一位重要客户要曙光按要求设计一幅广告海报，并告诉他今天下班之前必须完成。曙光接过任务，先不急不慌地去农场游戏中收了一会菜，然后刷新一下微博，浏览一下新闻……当曙光准备开始工作时，却被老板叫去参加了两三个小时的学习研讨会，结果下班时还没有做好海报。

晚上九点多，曙光表示自己今晚得加班了，因为客户已经催促了几次。他在微信上发给我一个抓狂的表情。谁知没过十分钟，他又和我聊起了刚结束的 NBA 半决赛。他居然先看了一场比赛。结果是，由于时间太仓促，曙光做出的海报几乎没有什么新意，连修改的时间都没有，客户很不满意。

曙光对此满腹怨言：“哎，时间总是不够用啊。”

曙光的时间真的不够用吗？当然不是，这完全是没有时间计划所导致的工作延时。

新时代的职场竞争比的是什么？信息？资金？技能？……似乎这些都是对

的，然而很多在职场中的成功人士，靠的并不是这些。而且，有的人即便拥有以上的种种优势，发展也并不一定顺利，因为在这些资源之外还有一种很容易被忽略的资源，这就是时间。这是个高效率的社会，在最短的时间里得到最大的收益非常重要。

时间是很公平的，它给予每个人的每一天都是 24 个小时。谁也不能用魔法变出一天 25 个小时来。但有些人之所以能在相同的时间里做出比别人更多的成绩，就在于他们十分珍惜和重视时间，对时间的管理十分精细。如此就可以把 24 小时延长，变成 28 小时，30 小时，甚至更多。

艾里斯顿的故事很有启迪性，和大家共享。

艾里斯顿很小的时候就开始学钢琴。他是一个勤奋的孩子，每天练琴三四个小时。他认为自己做得很好，但他的钢琴教师爱德华却不赞同："你长大后每天不会有长时间的空闲，你可以养成习惯，一有空闲就几分钟几分钟地练习。比如，在你上学以前，在午饭以后，在工作的休息余暇，5 分钟、5 分钟地去练习。把小段的练习时间分散在一天里面，如此弹钢琴就成了你日常生活中的一部分了。"

那时艾里斯顿才 14 岁。他对老师的话未加注意。一直到后来在哥伦比亚大学教书的时候，他才深刻地领悟到这一真理。艾里斯顿想课余时间从事创作，可是上课、看试卷、开会等事情，把他白天、晚上的时间完全占满了。差不多有两个年头他不曾动笔写下一个字。后来，艾里斯顿想起了老师的话。他决定实验一下，每天只要有 5 分钟左右的空闲时间，写作 100 字或短短的几行就行。

出乎意料，在那个星期的周末，艾里斯顿居然积累了相当厚的稿子。后来，他用同样积少成多的方法，创作了一篇长篇小说。再后来，他的教授工作一天比一天繁重，但是每天仍有许多可资利用的短短的闲暇。同时他还练习钢琴。他发现每天小小的间歇时间，足够他从事创作与弹琴两项工作。再后来，艾里斯顿成为美国近代的著名诗人、小说家和出色的钢琴家，取得了辉煌的成就。

一寸光阴一寸金，寸金难买寸光阴。时间是非常宝贵的，必须有严格的时间管理才行。

其中很实用的一个方法就是把时间“量化”。所谓把时间“量化”就是把时间划分为一个个小段，你可以一分钟、一小时为一段，也可以一天、一周为一段，然后安排相适应的学习和工作内容，为各个时间段命名、写备注，即做出你的时间安排和计划，在某一特定的时间内你要做哪些事情。通过这些整理过程，你的时间就以一分钟、一小时或一天等可视的形式呈现了出来，并且一目了然。

比如，你可以规定每个月某一天的某一个时段去做某一个事，如12点30分～13点30分为午休时间；你也可以计划在某一周内做某一件事情，如一周内读完一本书。这期间，你完全可以自主地进行各种安排。这样举例的目的就是告诉你，任意时间段都可以量化、分类并重新分割和组合使用。

在这一方面做得最好的，非“美国金融大王”约翰·摩根莫属。

摩根非常注重时间的管理。他每天都会对自己的时间进行合理的安排。例如，每天早上上班前，或者每天晚上睡觉前，他会在自己的时间轴上，填写上确定时间段需要做的具体事情，上午10点处理一个重要文件，11点参加一场为时一小时的部门会议，下午3点30分与客户签署一份合同，等等。

一般情况下，摩根会在上午9点30分准时进入办公室，下午5点回家。上班期间，他总是待在自己的办公室，员工们很容易见到他。但如果没有重要的事情，他是绝对不会欢迎别人进办公室的，因为那会打扰他的工作思路，影响他一天的时间安排和任务计划。在和一些人会面时，开始和结束的时间，他必须要精确到几时几分才行。而且，除了与生意上有特别关系的人商谈外，他与别人谈话的时间绝对不会超过5分钟。他不允许自己那么做。

在与别人谈话时，摩根总会积极主动地判断对方来谈话的目的是什么，内容涉及什么事情，而且他的判断通常都是正确的。所以，和他说话时，一切转弯抹角的方法都会失去效力。就算他猜不明白，他也会直截了当地问你，争取谈话尽快进入主题。对于那些没有什么重要事情，只是想找个人来聊天，却耗费了工作繁忙的人的重要时间的人，摩根简直是恨之入骨。他会毫不留情地终止谈话。

摩根的这种做法看起来有些不近人情，但这让他的工作效率变得更高，也让他更成功。

有人肯定会说了，什么都计划好的生活多么无趣，时间管理是这么无聊的东西。我想说，这是对时间管理的极大误解。时间管理最重要的功能是通过事先的规划，作为一种提醒与指引，使我们更形象地认知时间的构成和利用情况，以便督促我们自己依照计划去做事，进而使时间价值最大化。

时间是宝贵的，用“分”来量化时间的人，比用“时”来量化时间的人，时间多59倍。别再以时间少为借口，如果你能充分利用上天赐予的每一秒，一刻不停地学习、积累、进步，在有限的时间里做更多的事，你就可以做出更大的成绩，获得更高的效率，赢得时间能够给予的一切，包括你自己的未来。

小结：

关于时间管理，有日计划、周计划、月计划、季度计划、年度计划，关键就是给每件事情设定一个时间限度。例如，规定在限定时间内，如4小时、8小时、当天等必须要完成哪些事情，最好利用日程表记录下来，不断地提醒自己，督导自己，鞭笞自己。

累死你的不是工作，是工作方法

C公司是一家做工程外包的建筑公司，王焕是其中的一位项目经理。由于公司业务多，项目经理经常同时管理三四个项目，各种事情纷至沓来，又都很急，工作量也很大。为此，王焕整天风风火火，熬夜到两三点是常事，整个人烦躁到不行，才三十出头就有掉发的迹象了。别看王焕这么努力，但他取得的业绩在公司只能算上中等。而部门的另一名项目经理李岩，工作谈不上努力，虽然也经常同期手握三四个项目，但每天很少加班，不过工作起来有条不紊，关键是业绩竟然还高出王焕一大截。

估计有人看完可能就会直呼："太不公平了吧！这是为什么呢？"

事实上这种现象在职场中比比皆是，核心就在于工作方法。虽然我很喜欢在工作中踏实肯干的人，但有时工作方法比工作的努力程度还重要。常言说得好："工欲善其事，必先利其器。"工作是做不完的，工作再累人，再辛劳总有一个限度。如果工作的方法不当，则会事倍功半，累死了也不知道是怎么死的。

就比如王焕，据我了解他并非能力不济，而是工作方法不好。领导临时给个任务，客户临时有个要求，同事临时要个数据，他都会停下手里的事情，直到把这个临时发生的事情做完再开始下一个流程，一件接一件地去完成工作。最终，王焕在任务的切换上花费了巨大的精力。这也是我们大多数人的惯用工作法。

在这里，我想教给大家一种高效的工作方法。大家应该都知道著名数学家华罗庚的时间统筹实验——一个人想泡壶茶喝。当时的情况是：开水没有，水壶要洗，茶壶、茶杯要洗，火生了，茶叶也没有了。怎么办？

办法一：洗好水壶，灌上凉水，放在火上；在等待水开的时间里，洗茶壶、洗茶杯、拿茶叶；等水开了，泡茶喝。

办法二：先做好一些准备工作，洗水壶，洗茶壶、茶杯，拿茶叶；一切就绪，灌水烧水；坐待水开了泡茶喝。

办法三：洗净水壶，灌上凉水，放在火上，坐待水开；水开了之后，急急忙忙找茶叶，洗茶壶、茶杯，泡茶喝。

哪种办法更省时间呢？谁都能一眼看出，第一种办法好，因为后两种办法都"窝了工"。

由此可见，大量的时间浪费来源于没有考虑工作的可并行性，使并行的工作以串行的形式进行，结果长期用低效率、高耗时的方法工作。而学会统筹工作可以在最短的时间做最多的事，最大程度地避免混乱的忙碌、低效率的忙碌。即使面对再繁杂的工作，也可以做到井井有条，忙而不乱。

不信你可以试试，如你可以一边接听客户电话，一边打开电脑查阅需要的资料，这样不仅听明白了客户的疑问，同时通过查阅数据资料，也帮客户解决了疑问；你还可以在会议中，跟同事讨论工作内容的同时，动笔做好谈话记录……这些数不清的小细节组合起来，就产生了不同的工作效率。

当然，在这之前我们在头脑里面要对自己所做的事情有一个大致的轮廓。比如，今天都有哪些工作需要自己去完成？这些工作大概又需要多长的时间？我们还会有多少可以由自己支配的个人时间？这就像老师要上好一节课一样，我们在备每一节课的时候，除了备好所要讲的内容以外，我们还要安排好新课讲授的时间、学生复习的时间各需要多长，等等。这些都要提前有一定的估计和判断，它的重要意义绝对不下于之后的实施工作。

有人会说，这是小题大做。但在工作环节繁多的时候，这样做就非常有必要了。

在这里，我以自身的经历来说明。一天上午刚上班，我接到总经理安排的6件事情：

A．去交通监控中心处理领导闯红灯的违章罚款事宜。

B．到市工商局办理营业执照地址变更的相关手续。

C．拟写一份关于国庆节公司放假以及安全注意事项的通知。

D．一位重要客户来访，11点前往机场迎接，并做好接待工作。

E．协助业务经理和一位打算辞职的业务员谈话。

F．部门王部长后天前往上海出差，安排订机票、酒店等工作。

接到总经理的指示时，你是否会有头乱如麻之感，是不是有些不知所措？肯定的，我记得自己当时大脑一片空白，但深呼吸几秒后，我决定利用时间统筹的方法来处理。

具体方法，如下：

我先拟写了关于国庆节公司放假以及安全注意事项，然后询问了王部长去上海出差的具体行程。9点30分左右，我从公司开车去机场接客户。考虑到去机场的路上经过交警大队，我先去处理了违章罚款事宜。11点接上客户，做好午餐、午休等接待工作。期间在手机上通过网络帮王部长订了机票、酒店等。下午陪同客户之后，协助业务经理和一位打算辞职的业务员谈话。4点30分，前往市工商局办理营业执照地址变更的相关手续，等事务办好后正好到了下班时间。

在这样的统筹安排下，时间运用得十分高效，几件事情都处理得非常圆满，总经理十分满意，所以那天我哼着歌儿就回家啦。

如果你很努力却没有取得好成绩，一定是你忽略了先要找对方法。

别担心并行工作时你会手忙脚乱，别忘了，我们的大脑有着十分特殊的结构。对一个头脑和身体均正常的人来说，同时处理较复杂或较富创造性的工作是完全可以的。如钢琴家在手指击琴键时，还要眼看着琴谱，耳听着琴音，大脑则在分析、判断音乐的节奏和轻重；公交司机一边开车一边要留意行驶路线，看前后门上下车情况，还要回答乘客问路等，这就是眼观六路，耳听八方。

小结：

将简单的东西复杂化不是本事，将复杂的东西简单化才是能耐。当工作像山一样堆在你面前时，不要硬着头皮硬干，应该学会从错综复杂中理出头绪，发现规律，让工作变得简洁明了，这样做起来才能有事半功倍之效。

家庭与事业，一个都不能少

家庭和事业，哪个更重要？这是一个令很多人都难以抉择的问题。至于人们如何作出选择，仁者见仁，智者见智，很难一锤定音。因为这受很多个人因素以及外界因素的影响和作用。这些年，我见过有的人为了事业失去了家庭和爱人，也见过有的人则是选择了家庭，不一样的选择带来了不一样的命运。

可以兼顾事业与家庭吗？很多时候，我们听到的都是“鱼和熊掌不可兼得”的抱怨。对于多数人来讲，在家庭生活和工作事业中找到平衡，是比较有挑战的事情。毕竟一个人的精力是十分有限的，顾此失彼或者顾彼失此是再正常不过的事情。在我看来其实不然，凡事没有绝对，多花一点心思，多做一些计划，即便不是鱼与熊掌得兼，在家庭与事业之间，总能找到一个平衡点。

我的朋友杨女士是一个成功的、有魅力的女人，在享受事业成功的同时，又有着幸福而美满的家庭。这其中一条重要法则就是杨女士懂得平衡婚姻与事业的关系。在职业生涯的前几年，杨女士正常恋爱、结婚，但将重心主要放在工作上。做了主持人，她就要求导演能否让自己写台词。写了台词，她就问导演，可不可以自己做编辑。做完编辑就问主任，可不可以让自己做一次制片人？做了制片人，她就想自己能不能同时负责几个节目？就这样，短短几年时间，她就坐到了部门主任的位子上。

30 岁时，生儿育女提到议事日程上来。平时工作压力大，杨女士身体状态不太好，医生建议她休养一段时间。杨女士不愿离开部门主管的职位，更何况她在这个职位上如鱼得水，但见先生盼子心切，她便暂时请假回家休养，开始备孕，然后怀孕。对此，杨女士解释说："这几年，我把大部分的时间都花在拼事业上，我留给自己和家人的时间太少了。趁现在这个特殊阶段，我想好好经营一下家庭。"

在家休养期间，杨女士不想有了孩子就把精神世界交给下一代，把经济独立权交给先生，然后架空自己。依靠以前的关系，她联系到好几家杂志，做他们的特约撰稿人，同时还为一个网站做兼职编辑。这样，她只需要在家里工作，就既可以保证经济上不会下降太多，又能比较安心地等待着小宝宝的降生。当女儿5个月的时候，杨女士的产假也休完了。她请了一个保姆带孩子，自己则去上班。

在职场上，杨女士是一个雷厉风行、兢兢业业的女精英。遇到工作不顺心的时候，她会生气、发飙。但在与家人相处时，她任何工作上的事情都能置之脑后，只是扮演贤妻良母的角色，尽兴地陪女儿搭积木、拼图和做游戏。即便是工作上真有事情要处理时，她也会留待女儿睡着以后再做。"人生要懂得均衡，要合理分配时间。"杨女士经常和身边人感叹，"如今，我很享受自己的事业和家庭。"

家庭和事业的关系，似乎就是一个鸡与鸡蛋的问题。没有事业的支持，家庭只能是一摊温水，即使再舒适，也只会使人软弱，使人疲倦。相反，家和才能万事兴，如果后院失火，还有什么心情干事业？可见，家庭是事业的后盾，事业是家庭的保障，二者是不可分割的整体。无论你更偏向哪方面，你都不能忽视另一方面的重要性。

对此我的建议是，不同的人生阶段应该有所偏重，找出相应的侧重点。但请你记住，偏重不等于偏颇。不要心存幻想，先干事业后理家庭，或者先经营家庭后打拼事业。很多时候当你做完了前者，你会发现来不及做后者了。所以，你要放弃这种先后安排的想法，树立起同时安排争取双赢的意识。比如，工作忙碌时，在保证完成工作的同时，必须时刻把家庭放在心上，经常和家人沟通以寻求相互理解；如果想多照料孩子和家庭，工作就别那么拼命，但千万不要暂缓职业发展，你仍然需要努力工作。

事业与家庭没有谁先谁后的问题，它们是并列的关系。你要能够站在跷跷板的中间，保持两端的平衡。大凡成功者都有类似的规划与设计。他们既不会因为家庭出现了一些问题就影响到工作的情绪，也不会把大量的工作任务带回家苦干，或者将在公司受的气窝的火全发泄到家人身上。你该懂得，分清工作和家庭也是一种平衡。如果真做不到两边兼顾，在力所能及的条件下努力，也不是多么丢脸的事情。

在近十年的职场生涯中，家庭与工作不能兼顾的情形屡有发生，但我都通过努力一次次地化解。如我在广告公司做总经理助理时，周末加班是常有的事。初逢此情形时我觉得十分纠结和烦燥，因为我不放心丢下孩子一人在家，但不加班又不行，于是考虑要不要辞职。但冷静下来我反问自己，为什么不能有第三个选择呢？后来我与孩子、经理都分别做了一次谈话（当时孩子 6 岁）。从此，只要加班我就带着孩子。孩子在一边写作业，写完了就看漫画书，从不吵闹。所以孩子深得公司同事、领导喜欢。公司周年庆时，经理还特别要求我将孩子带上。当时的我除了感动还是感动。

人生就是一个不断平衡的过程。这是对你的智慧和运气的双重考验。你必须要把自己的时间和精力有计划地加以分布。有了正确的“平衡观念”，找准“幸福支点”，加之正确的方法，我们完全可以实现“鱼与熊掌兼得”的梦想，自由地穿梭在事业与家庭之间，在平衡中感受到人生的无限幸福。

小结：

事业和家庭的平衡需要不间断地努力，任何时候都不能掉以轻心。你要时常问自己，有多久没有陪家人一起聊天了？做到真心关爱家人了吗？也要常常反省，是否沉溺于小家庭的甜蜜而忽略了事业？有没有让家庭成了事业的绊脚石？……平衡的过程永不停歇，你的努力也应永不停止。

今日居安思危，明日临危不乱

职场中，如果你经常被出乎意料的事情搅得惊慌失措、精疲力尽，那么你很可能是不懂得古人所说的“居安思危，思则有备，有备无患”的道理。

我有一个初中同学，最近她失业了。据我所知，她自毕业就一直在一家钟表厂上班。她的工作就是在生产线上给手表装配零件。她工作十分认真，操作也很熟练，而且很少出差错，几乎每年的“优秀员工”名单里都有她。但意想不到的事情发生了，企业新上了一套完全由计算机操作的自动化生产线。许多工作都改由机器来完成。而她的文化水平本来就不高，在这几年中又没有掌握其他技术，对计算机更是一窍不通，一下子从“优秀员工”变成了多余的人，只能被辞退。

朋友很是愕然，简直不敢相信这是真的。“我工作一直很认真，为什么被辞退的偏偏是我？”“这叫我以后怎么养家糊口？”“难道我真的很差劲吗？”……百思不得其解之后，她找到了领导想要个说法。领导对她多年的工作赞扬了一番，然后诚恳地说：“很遗憾，关于引进新设备的计划，我几年前就告诉了所有的员工。目的就是想让你们有个准备的时间和机会，去学习一下新技术和新设备的操作方法。你的许多同事不仅自学了计算机，还找来了新设备的说明书研究，可你并没好好把握这个机会。”

听了领导的话，朋友后悔莫及。她整天哭哭啼啼的，说什么如果我早有准备，要是我当初上进点，也就不会遭遇这样的意外了。

朋友的遭遇让我深感惋惜，但并不同情。在多年的职场生涯中，我曾辞退过的人不下百。跟员工谈辞退是一件痛苦的事情。特别是看着熟悉的面孔上诧异的目光，我都觉得自己特别残忍。但职场时时处处都充满着残酷的竞争。你不懂得居安思危，没有紧迫的危机意识，不奋力向前，就只能被淘汰。

什么是危机意识？危机意识就是一种忧患意识，就是在安逸、顺利或取得成就时所具有的一种危机感。人为什么要居安思危？因为人只有提前预知危机并能正确地认识危机，方能提前预防，未雨绸缪。危机意识是一种鞭策意识，能让我们产生一种“狼来了”的紧迫感，不断地推动我们前进发展。

在伊索寓言里有这样一则故事：

一天，猴子在树林里遇到一只山猪。只见山猪不停地在一棵大树旁磨牙。猴子感到奇怪，问山猪：“现在既没有别的动物来伤害你，也没有猎人来捕捉你，你为什么不躺下来休息享乐，而是拼命地磨牙呢？”

山猪笑着说：“现在磨牙正是时候。你想一想，一旦危险来临，我哪还有时间磨牙呀？现在磨得锋利点儿，等到用的时候就不会慌张了。”

在夏天就为冬天做准备，走运时要为倒霉的时候做准备，这是聪明的做法，而且也比较容易做到。

未来是不可预测的，人也不是天天走好运的。对于职场人士来说，无论身处何等企业，高居何等职位，都必须有一种强烈的危机感。只要我们在心理和实际行为上有所准备，就能防患于未然，就能保持清醒的头脑，更好地应付突如其来的变化。或许不能把问题消灭，但却可以把损失降低，为我们自己开创一条生路。

前微软董事长比尔·盖茨就是一个危机感很强的人。当微软利润超过 20% 的时候，他强调利润可能会下降。当利润达到 22% 时，他还是说会下降。当成为世界第一的电脑生产厂家时，他仍然说会下降。他总是告诫他的员工：“不论产品多棒，我们的公司离破产永远只差 18 个月。”这种危机意识正是促使比尔·盖茨成功和微软发展的原动力。

在职场中，我们或许早已习惯了没有压力的工作，甚至认为安全是理所当然的事，危机不可能会发生在我们身上，更没有必要为危机做什么准备。可实际上，即使处在舒适的环境中，我们也应该积极努力地寻找前进的方向，永远保持着一颗“居安思危”的心。这样才能保障自身的长久发展。

学会居安思危，就是在认真做好本职工作的前提下，要尽最大程度地学习工作中需要用到的知识以及技能。如果工作中不能满足所需，则可以业余自学或者参加业余培训。再好的电池也有电用光的时候，不断地“充电”进行自给，才能不断地提高自我价值，不断地积累知识、智慧和能力，你才能够具备强大的竞争力。

我认识一位女士，她将近40岁了，现在经营着一家广告公司，年营业额高达几千万元。同时，她还有着美满婚姻和幸福家庭，令周围的亲朋好友们都好生羡慕。有一次，她邀请我和一位搞企业培训的同仁一同给她的员工们进行培训。由此我们熟识了，至今还保持着联络。在和这位女士打交道的过程中，我了解到，她是一个从没有停止过学习的人。她曾表示，当年的自己像个“女汉子”，丝毫没有女人该有的温柔特质，成天和一群男孩子打打闹闹。后来，她因为在情场上失意过几次，所以决定改变自己。怎么改变的呢？她选择了学习。她参加了一些专业机构进行的相关培训，看一些有利于提升女性个人魅力的书。很快，聪明的她就掌握了其中的精髓，驾轻就熟地应用在了生活中。随后，她便遇到了视她如珍宝般的多金帅气的老公。

不仅在感情方面如此，她在工作和事业上也一直坚持学习。她曾跟我聊起当年刚创业的时候，自己对于广告行业了解得并不多。因为她之前只做过3年的广告业务员。至于怎么经营公司，怎么管理员工，怎么拿下客户，她说，就是靠自己不断地学习，学习别人的专业经验和技能。“人生好比金字塔，底座越厚实，顶点就垒得越高。”她时时提醒自己，努力学习各种新的知识，垒实自己的“底座”。十多年来，她不仅屡次避过被裁危机，而且一次次得到提拔，从一名普通的业务员成为不可或缺的金牌销售。不过，她并没有就此罢休，而是开始创业。在经营公司的过程中，她利用业余时间参加了企业管理和广告经营两个培训班。通过两年多的学习，她的能力得到了很大的提升，她的企业也发展得越来越顺利。这位女士对自己在感情和事业上所取得的成就，感触最深的就是把学习和提高当做一生的任务。

天有不测风云，未雨绸缪者功。有备而行，离功近也。望梅止渴，画饼充饥，只能维持一段时间，并不是长久计。未雨绸缪，则利利索索，成功手到擒来。

小结：

预防危机有一定难度，因为危机的先兆可能很细小，非常容易被忽略；而且，也可能看似与自身并无关联，非常容易被漠视。所以，我们要学会站在全局的高度思考问题。当周围的各种事物发生变化时，要敏锐地进行察知，做出事前预测和判断，从而采取有效措施，应对危机，进而立于不败之地。

第五章

别说没人帮，你不是一个人在战斗

在职场上打拼，我们每个人都不是单枪匹马的侠客，更不是一个人在战斗。与其找没背景、没资金、没人脉等借口，不如学会团结一切可以团结的力量，充分调动一切积极因素，实现资源的最佳配置。俗话说，一个好汉三个帮，一个篱笆三个桩。借助团队和人脉的力量，实现 1+1>2 的完美组合，就能取得更大的成功。

不懂团队配合你就输了

和不少企业的人力资源经理交流的时候，一提到初入职场的年轻人，他们都会不约而同地给出这样一个印象："现在的年轻人好面子，不愿意求人，缺乏团队合作精神。这两点使他们在融入工作环境方面十分的缓慢和困难。对于上司交代下来的任务，他们虽然也很卖力，但总是做得乱七八糟，不如不做。"

听到这些，不少年轻人或许不服气。但你服气也好，不服气也罢，不懂团队配合你就输了。毕竟随着社会分工的日益细化，技术及管理的日益复杂，谁也不可能拥有所需要的全部资源，并能独立地完成所有事情。很多工作都需要多人共同协作完成。如果没有他人的配合，那么整个工作流程就会出现问题。

一天半夜，我被一位朋友的电话叫醒。他说，心里难受，刚成立半年的公司宣布破产了，解散了团队……对此，我感到非常诧异。因为据我了解，这位朋友每天奔前忙后，忙碌又疲惫，对这次创业可谓鞠躬尽瘁。而且，当初招聘人才时，我不仅给他提供了不少岗位建议，还推荐了几个可靠的人选。资金到位，人才到位，再加上辛勤的努力，按理说这样的公司没理由这么快破产。对此，朋友的解释是："原因很多，比如，员工积极性不高，业务跟不上去，资金链发生断裂，等等。"

后来，我得知真相后，明白了这些原因都停留在浅层和表象。问题的真正症结在于，朋友公司的团队配合不好。原来为了快速提高业务量，朋友制定了一个政策，每个月都会选出先进个人，每个月都会按照业绩排名，每天的口号都是勇争第一。这让员工之间形成了一种激烈的竞争关系。平时大家都各自为政，收集信息，发布信息，联系客户，面谈，多次跟进，后期服务。为了不落后于别人，员工们除了平时要多努力之外，还要防止客户信息被偷窥。他们在公司里给客户打电话，看到有同事来了，好像防贼一样，担心被听到后抢自己的客户。这样的工作氛围，能出高业绩才怪。

后来，我给朋友讲了这样一则古老的寓言故事：在非洲的草原上，如果看到羚羊在奔逃，那一定是狮子来了。如果见到狮子在躲避，那就是象群发怒了。如果见到成群的狮子和大象集体逃命的壮观景象，那是什么来了——蚂蚁军团！蚂蚁是何等的渺小微弱，用大拇指和食指就可以把它捏死，为什么连兽中之王也要退避三舍呢？因为蚂蚁虽然个体很弱小，但它们是最有团队精神的动物。它们的成员之间通过协作，形成一种势如卷席的强大力量。这，就是团队合作的力量！

管理大师彼得·德鲁克说："企业成功靠的是团队而不是个人。"

的确，如果说团队是一艘巨大的航母，那么每一个员工都是其不可或缺的一部分。这艘航母能否朝着预定的目标前进，完全有赖于全体员工的精诚协作，亲密无间地团结合作。只有每一个员工的力量和方向都保持一致，心往一处想，劲往一处使，组织的航母才会以无坚不摧的力量乘风破浪。

有些公司总是业绩平平或者毫无业绩可言，很多管理者都有考虑过相应的改良方案，但是最后却因各种原因不了了之，究竟是为什么呢？员工能力不强，彼此配合不好，等等，这些都是借口，关键在于团队意识薄弱，或者根本就没有团队意识。比如，有些公司的员工工作一年都不认识其他部门的员工，还有的甚至在公司工作几年都不知道公司老总是谁。正是因为对公司以及团队缺乏认识，也没有接受过相关培训，所以很难有良好的团队意识。这样一来，就会让团队合作的磨合期也变得较长，工作效率低下。

在这里，我决定分享一下高明·施特劳斯的故事：

高明·施特劳斯是世界闻名的"圆舞曲之王"。他曾经应美国当地有关团体之邀，在波士顿指挥一个拥有 2 万人参加演出的音乐会。一个指挥家一次指挥几百人的乐队，就是一件很不容易的事了，何况是 2 万人？很多人觉得施特劳斯不可能做到，然后他却做到了，而且获得了观众的一致好评。

那么，施特劳斯是怎样指挥一个如此庞大的乐队呢？演出开始，人们发现了这个秘密。原来施特劳斯的手下有 100 名助理指挥。他所指挥的，就是这 100 位助理指挥。2 万人的乐队，再由这 100 位助理指挥去指挥。每位助理指挥分摊下来，也仅仅指挥了 200 人。这个团队的配合就像一个人，结果表演非常成功。

团队精神强调团队内部各个成员为了团队的共同利益而紧密协作，从而形成强大的凝聚力和战斗力，最终实现团队目标。作为员工，你要想有一番作为，如果想获得组织的认可和重用，就要及时把个人融入团队，就必须为组织的成功负起责任，也必须为其中每个同事的成功承担起义务。

小结：

团队讲的是协作与合力，其中最好的方法是使全体成员有一个统一认识，有一个清晰的共同目标，如制订每年、每季度或每月的团队计划。今年我们需要实现多少产值，需要完成多少销售，需要回收多少利润，等等。时刻铭记团队的统一目标，才能与团队其他人保持行为一致，在促使团队成功的同时也获得个人的最大成功。

不及时授权，你就自己累

很多团队可能执行力不错，也有良好的管理和团队意识，但是业绩也总是时好时坏。为什么？出现这种情况的原因多是由于：团队管理者比较强势或者领导独断专行；团队成员只是听从领导安排，机械服从，然后各行其是；团队成员没有创新想法和改良建议，没有良好的上升空间，等等。久而久之，团队就出现发展的瓶颈，无法获得提升。

我的朋友立明在一家公司从事销售工作。他在工作上一直很勤奋，从来都是第一个到公司，最后一个离开公司，业绩也比较突出。这一点很得公司老板的赏识。很快老板便晋升他为销售部小组长。立明比之前更加勤奋了，每天奔前忙后，忙碌又疲惫，但奇怪的是他再没有得到什么晋升。原因是销售部总监一直不太看好他。为此，立明私底下经常和朋友抱怨说公司对自己不公平："我什么事情都需要操心。我这么累却不被重视。我坚持不下去了，有时真想干脆辞职走人算了。"

勤奋努力的人为什么得不到晋升？

后来，我几经求证得知，关于立明不被晋升的事，老板曾经找过销售总监。销售总监说，立明的确平时很勤奋。但他整天自己忙于加班的时候，小组的其他人却悠哉游哉的，整个小组的业绩一直上不来。销售的主要工作是完成业绩，其他方面表现得再好，业绩做不好就等于不务"正业"，是没有机会晋升的。原来立明是销售员出身，在公司没有做过管理者，一下子被提到管理层的岗位时，有些不知所措，不知道管理如何入手，又担心别人做不好，他便大小事务都自己上阵，结果越忙越乱。

看到这里，你是否明白了立明不被晋升的原因——没有做好授权分责，将太多本该他人去做的工作大包大揽地揽到了自己身上，弄得自己永远在苦苦地追赶工作进度。但没有人是三头六臂、无所不能的，即使再优秀的人时间和精力也是有限的。如果事必躬亲，势必容易身心皆惫。一方面是把自己累得要死，另一方面没有给其他人展示才能的机会，打击了其他人的工作积极性，导致了团队整体工作效率的低下。

该授权，而不授权，是一种严重的失职。我的建议是：千万不要企图自己来包揽所有的工作，舍弃对个人权利的过分维护。要看到权力背后所代表的职责，要适当地把一些职权交出去，使自己从那些本不应该亲自出马的工作中解脱出来，争取做到人尽其才、才尽其用。这是提高工作效率的重要手段。

关于授权，这里有一个形象的比喻：“一个部门好比是一台计算机，管理者是这台计算机的中央处理器，员工好比是各种零部件。要想让这台计算机能够准确、高效地运转，只靠管理者这个中央处理器是远远不够的。它需要各个零部件都能按照自己的程序良好地工作，发挥各自应有的作用。”

熟知我的人都知道，我不是一个工作狂。我过得逍遥自在，却业绩斐然。

为什么？这里的重要原因就在于我懂得适当地授权。这是我感受颇深的心得。

工作 6 年之后，我就有幸坐上了某公司副经理的“宝座”。我非常热爱自己的工作，每天不辞辛苦地处理着大小事情，熬夜加班是最平常不过的事情。那时，我经常抱怨说，自己要多长一双手或多长一个脑袋就好了。后来，我被诊断出腰肌劳损。医生建议我要多注意休息，最好静卧休养两三个月时间。我立即跳起来说：“我每天要忙个不停，每项工作都需要我的安排。没有了我，公司就会乱套的。我怎么能安心静养呢？”但医生说的一句话让我警醒：“工作永远做不完，健康却有限。”

一个星期后，我向公司申请了休假。临走前，我告诉各部门的中层管理者，让他们自己拿主意，尽量不要凡事都找我。刚开始，大家都觉得不习惯。因为他们已养成了奉命行事的习惯，不习惯自己拿主意、做决定。但这种情况并没有持续多久，各项工作开始有条不紊地运转起来。因为每个人都开始各显其才了。这件事情让我意识到，自己不是一个人在战斗，我身后永远有一个团队的力量作支撑。

再回到公司后，我时常会观察公司谁是某项工作最合适的执行者。当对象确定后，我就将该下属叫到办公室，解释这项工作的要求，让他放手去做。而我自己要做的，只是时常盯一盯工作的进度，并及时给予支持或指正罢了。按照这种工作方法，我的工作效率一直都十分高效，我的团队也得以快速成长。

所以，结束了一天的工作之后，最好要反思一下自己，你究竟在忙什么呢？是否忙到了点子上？如果你经常觉得劳而无获，身心疲惫，那你就需要对自己的工作好好整理一番。这里的关键在于，你要分清楚你的职责是什么，在自身能力的基础上，适当剔除一些不必要的工作，适当地授权给别人。

具体该如何授权呢？这里很少有放之四海而皆准的方法。不过我总结出了3个重要经验。

选好授权对象

有效授权最关键的一步，就是要选择一个正确的授权对象。权力授给谁，这是首先要考虑的问题。要选好被授权者，你必须对你的团队成员进行细致的考察和分析，包括每个人的特点、优点和弱点，他最擅长何种工作，具有什么工作经验，目前工作绩效如何，等等。一般来说，具有下面特点的个人，往往是授权的理想人选：

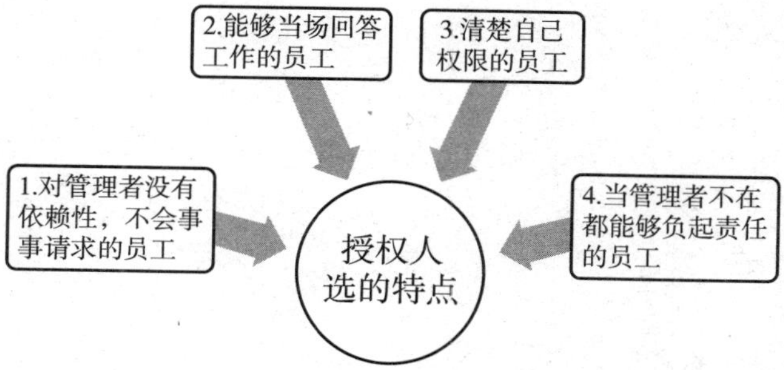

图5.1 授权人选的特点

授权专业性很强的事情

每一个人都不可能是全才，授权要学会扬长避短，即授权那些自己不擅长、专业性很强的事情。你会给自己裁漂亮的衣服吗？不大可能，除非碰巧你是一名裁缝或服装设计师。扬长避短，各取所长，寻找最专业的人来做，保证让你的需要与员工的技能相适应，这样才能获得良好的工作绩效。

比如，当需要研究一个新的文字处理系统时，你不必亲自去学习文字处理知识，完全可以把初期的研究工作授权给电脑程序员；要检查所有税务报告中数字方面的问题时，你可以安排给税务经理、会记、财会等专业人士去做；等等。总之，要把特定的人安排到特定的岗位上去，各司其职，人尽其才。

一定要进行追踪

交代了某些权力之后，并不等于授权完成了，这只能算是授权的开始。你有必要对工作进度进行定时追踪。要知道，即使你把这项工作和权力完全交予给了下属，也并不意味着结果的好坏与你无关，你永远都是最终的责任者。所以，你必须主动对所授权的工作进行追踪。比如，亲临现场，认真观察执行的情况，要求对方定期汇报工作的执行情况，如此既能及时检查工作的进展情况，也能对偏离工作目标的行为及时进行引导和纠正，以确保工作顺利、高效地进行。

小结：

通常下列情形出现时，你就要考虑及时授权了。办公时间几乎全部用在处理例行公事上，总觉得时间不够用；公司发生紧急情况而自己不能分身处理；下属因工作闲散而绩效低下，公司走入困境；下属因不敢决策，而使公司错过挣钱或提高公众形象的良机；下属中有人比你更适合处理某件事情……

个人能力好也需要智慧众筹

你是有才华、有能力的人吗？如果是，恭喜你。但我要提醒你的是，无论你再有才华、再有能力，你也千万不要信奉靠自己就能取得成功，不肯或者不屑于同别人合作，凡事习惯单打独斗。因为没有人可以完全脱离别人而单独完成一项工作，即使你是一个能力出众的天才，最终也会失败。

第二次世界大战时有一个大名鼎鼎的神枪手。他几乎弹无虚发，在战场上立功无数。他每击毙一个敌人便在自己的枪管上刻下一道痕迹，一年下来他的枪管上已经刻满了痕迹。但同时，他又是一个非常高傲的人。有一次，他向一支打了败仗的队伍炫耀自己的“伟绩”：“伙计们，难道你们的枪都生锈了吗？在我眼里，敌人好笨！而你们……”他骄傲自大的臭脾气令战友们对他十分反感。

有一次战斗，神枪手被派到一支部队。他向团长提出自己把守隘口的请求。他说：“我一个人就可以挡住敌人的先锋。你们不用管我！”在他的屡屡要求下，团长同意了他的请求。激战开始了，神枪手把守的隘口受到了敌人疯狂的攻击。起初他还可以应付，但是后来敌人越来越多，他越来越力不从心，开始手忙脚乱起来。后来，他甚至连子弹上膛都来不及了！就在这时，一颗炮弹落在他的旁边。随着一声巨响，神枪手倒下了。他所在的团由于隘口失守，被敌人攻下了阵地，伤亡惨重。

所谓“一夫当关，万夫莫开”，不过是一个神话罢了。没有一个人可以取代一支军队，更不可能依靠一个人的力量终结残酷的战争。

无独有偶，还有一个例子也是很好的说明。

你听说过斯科特·罗森吗？他原本在通用汽车公司的人力资源部就职。后来由于厌倦了大公司的生活，他于 1995 年辞职创立了罗森公司。这是一家以电话营销为主的公司。罗森干得很起劲，很努力，仅仅 6 个月时间他就获得了 4 万美元的收入。之后，他聘请了一批销售人员，公司的业务量与日俱增，2000 年销售额高达 760 万美元。这比他一个人单干时的最好成绩高了许多。

但是 2001 年公司开始遇到了麻烦，销售额首次滑落。尽管每个销售人员都付出了双倍的努力，但销售业绩的增长还是微乎其微。不久，罗森做出了一个令人惊讶的决定：他先是解雇了一半的销售人员，后来又干脆解雇了公司的所有员工，决定靠自己的力量东山再起！当大家告诉罗森，他犯了一个严重错误时，他却安慰自己："我将让他们看见我一个人的营销力量。"他相信，凭借自己的单打独斗，一定能够扭亏为盈，东山再起。于是他每天早出晚归，四处奔走。但是随着市场竞争的加剧，单纯靠一己之力做营销已经显得势单力薄。罗森每天的签单量少得可怜，最终只能无奈地宣布公司破产。

团结就是力量，这句话我们从小听到大，从山村角落听到繁华都市，耳熟能详。但我们在工作中真的发挥团队力量了吗？有没有停留在"个人英雄主义"时代呢？

多年的工作中，我留意到，职场中抱怨自己怀才不遇，感慨工作环境不好而频繁跳槽的人，大都缺乏合作意识和团队精神。不是他们不知道团队的重要性，而是他们自我感觉良好，非常相信自己的实力，觉得没有什么可以难倒自己。不愿意与别人合作，不能主动地融入团队，是他们失败的根本原因。

每一个人都不是万能的全才。因为性格、学识、阅历等各方面的限制，人们很难完全独立地完成一项工作。特别是一些大的项目，人们只有互相帮助、互相配合才能取得成功，单打独斗是肯定行不通的。即便是能力再强的员工，也离不开别人的协助与配合工作。正所谓"众人拾柴火焰高"。

这一点很容易理解。我们知道，每一个人的智慧和才能都是有限的。人们的正常思维逻辑是"1+1=2"，或者充其量认为"1+1 ＞ 2"，但如果我们能够在团队中广采博集，调动整个团队所拥有的能力、智慧等资源，这无疑比个人所能创造出的价值总和要多得多，甚至创造出“1+1=11”的奇迹。

成功人士都经历过从“能干的人”到“团队伙伴”的过程。一个人在职场上的发展过程，其实就是被团队认可的过程。所以，如果你感到自己很难融入到团队里，不要抱怨别人，不要寻找借口，不妨从自己身上找一找原因，看看自己是否过于自信，恃才傲物，等等。当你学会与人合作时，你就可以走得更远。

苹果公司创始人史蒂夫·乔布斯22岁就开始创业，从白手起家，赤手空拳打天下，到拥有2亿多美元的财富，他仅仅用了4年时间。

1983年，面对IBM咄咄逼人的攻势，苹果公司的市场份额迅速缩水。乔布斯认为公司缺乏一个真正有实力的深谙管理和营销的领导者。他力排众议，重用了根本不懂计算机、时任百事公司CEO的斯高利。当时，乔布斯对斯高利说的一句话，改变了后者的命运：“你想一辈子卖糖水，还是想改变世界？”

但是斯高利来了，乔布斯却被赶走了。为什么呢?

原来乔布斯年少有为，没有失败过，也因此养成了唯我独尊的习惯，在公司总是独来独往，游离于这个战斗集体之外。当团队其他成员与他在工作上不能达成一致意见、产生分歧的时候，他不是想着去沟通，而是粗暴地制止，不允许任何人对自己有异议。乔布斯的个人至上主义严重地伤害了他人的感情，破坏了团队精神，因此导致团队内部出现了分裂。整个团队很涣散，导致了一次次市场的失利。

在后来的一次董事会上，斯高利公开了对乔布斯的不满，指出他过于特立独行，不善于团结，且有理有据。董事会必须在他们之间决定取舍，最后他们选择了善于团结员工、和员工拧成绳的斯高利，而乔布斯则被解除了全部的领导权，只保留董事长一职。后来，乔布斯甚至直接辞职，彻底跟苹果说拜拜了。

乔布斯因为不能融入团队而吃尽了苦头。不过后来他终于明白了这些，改正了自己的缺点。在苹果公司危难之际，他又临危受命。之后他和公司上下紧紧地抱成一团：“我们所从事的这些重要工作中没有一项是可以由一两个人或三四个人完成的，为此我必须找到杰出的人。在招到人才后，我要建设一个团队氛围，让人们都感到他们周围都围绕着跟他一样有才能的人……”这就是苹果著名的“梦之队”。最终乔布斯的“梦之队”力挽狂澜，拯救了苹果，并再创新的辉煌。

一部好看的电影，除了耀眼的主角，还有积极配合的配角，还有默默无闻的群演。除了赫赫有名的导演，还有名不见经传的制作人员。但是，他们都为这部影片的诞生贡献了自己的力量。再大牌的明星，再有名的导演也不能一个人完成一部电影。这就是个人的局限性。这就是团队的力量。

任何成功都是团队共同努力的结果。对此，我非常认同比尔·盖茨的一段话：“在社会上做事情，如果只是单枪匹马地战斗，不靠集体或团队的力量，是不可能获得真正成功的。这毕竟是一个竞争的时代。如果我们懂得用大家的能力和知识的汇合来面对任何一项工作，我们将无往不胜。”

小结：

当独自研究一个问题时，你可能思考了5次，还是同一个思考模式。这时，你不妨将此问题拿到集体中去研究。从他人的发言中，从他人的分析中，也许1次就可以完成你5次才能完成的思考，并且还会激发你产生新的联想。如此就能更好地解决问题，更快地进步和提高。

取长补短，效率翻番

我之前在一家机械生产企业做后备干部。那个时候刚毕业没多久，我自认为自己各方面能力还不错，肯定能做出一番成绩。可是事情往往和想象的不一样。我刚进入公司的时候，对技术问题有些生疏，难免会问一些很愚蠢的问题。于是，一些人开始针对这一点指责我，为什么你不懂技术？这让我陷入一种极度的不自信与恐慌之中。于是我开始利用业务时间刻苦钻研生产技术，但效果并不理想。

我知道，我并不是全能的，但我总是无法释怀。即便后来虽然工作环境得到了变化，距离我离开那家公司已经有一段时间，但是在我的内心深处总是会透露出一种不自信。直到有一天我和一位国内500强企业的经理聊起此事，他说了一句话："成功的团队就是一群不完美的人组成的，互相取长补短，拼凑成一个完美的人，然后去做完美的事。没有完美的个人，只有完美的团队。"

当我听到这句话的时候，感到它直击我的内心。这么久以来，我一直纠结于自己不懂技术，在这场没有硝烟的战争中伤痕累累。如今回头再看，不过是因为我曾经被人痛击我的短处，并不是我多么的差劲儿。我也由此明白了，一个成功的团队领导不需要拥有太高的技能与能力，他只需要客观地去评价团队每个人的优缺点，然后合理地将这些人组合起来，这就是一个成功的团队。

我们常见有人感叹合作中人们的性格、能力等差异，而造成的相互抱怨和牢骚。所以不少人会感慨团队不好带，并以此为借口宽慰自己，带不好团队并非自己的错。殊不知，在一个团队中每个成员都不是完美的，但有的人富有领导力，有的人善于出谋划策，有的人执行力强，只要把每个人的优势都发挥出来，这个团队就有凝聚力，就能发挥出应有的战斗力。这是团队精神的基石。

所以之后我一直提醒自己，千万不能因为别人的缺点而拒绝团队，而应该努力寻找团队成员正面的品质，并且学习它，让自己的缺点和消极品质在团队合作中被消灭。唯有学会欣赏其他团队成员的优点，充分利用别人的优点，才能创造和谐的工作环境，才能充分发挥自己的能力，进而立于不败之地。

我的朋友小黄是某著名大学计算机专业的高材生。进入一家电脑技术开发公司半年后，他就被选拔加入了一个重要的研发小组。组长告诉小黄，他非常欣赏小黄的计算机应用能力。小黄不禁沾沾自喜，甚至骄傲起来。进入小组后，小黄认识了小组的一位成员阿桑。阿桑貌不惊人，毕业于一所普通大学，而且计算机应用能力不如小黄强。因此，小黄很是瞧不起阿桑，工作中故意不跟他配合。

由于小黄在工作中的不配合，小组工作开展得很缓慢。当组长得知原因后，严厉地批评了小黄："只有优秀的人才能进入我们这个团队，包括阿桑。你以为你比阿桑优秀很多吗？你错了！既然当初公司招用了他，就说明他和你一样优秀。"小黄挨了批评后，从心里说服自己不能再小瞧阿桑，并在工作中主动与阿桑配合。很快，他发现阿桑虽然计算机应用能力不如自己强，但是具有丰富的研发经验和卓越的研发能力。于是他不由得钦佩起阿桑来。而且阿桑是一个很有团结意识的人。他将自己从实践中摸索出来的经验毫不犹豫地传授给小黄。两个人的能力都有了长进。

在大家的彼此协作和共同努力下，项目提前圆满完成了。小黄和阿桑得到了公司的表扬。

在一个公司中，一个优秀的会计师，可能并不擅长人际交往；而一个出色的销售，可能对财务数据头疼不已。难道就因为会计不擅长人际交往，销售不会做财务，我们就有理由弃之不用吗？当然不能！团队精神是什么？是团队成员彼此之间取长补短，达到优势互补，保证整个团队的协作顺利进行，这就是一个好团队。

事实上，团队分工更多的是对各个成员性格、才智、能力进行对比后产生的结果。领导决定把你放在目前所在的位置，一定是因为你在这个方面存在一定的优势，存在着比其他人更大的优势。作为个人，要擅长发掘自己的长处，并使之发挥作用，同时，和团队成员通力协作，扬长避短，进而发挥自己应有的最大的效用。

在一个集体中，如果大家能够相互取长补短，那么整个集体便会共同进步。

在某一次户外拓展活动中，我们将公司员工随机分为A组和B组，进行一次攀岩比赛。这场比赛似乎一开始就预示了结局，因为A组的队员个个都是身强力壮的男士，而且身高均在175cm左右，而B组有男有女，身材有胖有瘦，身高有高有低，包括我。比赛开始前，A组志在成功，反复强调一定要注意安全，齐心协力，快速完成任务。我们组没有做太多的士气鼓动，而是聚在一旁，一直在低声合计着什么。

比赛开始了，A组几次遭遇险情。比如，有人中途因体力不支掉队了，尽管大家齐心协力，排除险情完成了任务，但因时间过长最后输给了B组。我们组成功的秘诀是什么呢？这就是团队协作和合力的力量！原来比赛前，我们就把队员个人的优势和劣势进行了精心的组合：第一个是动作机灵的小个子队员，第二个是一位高个子队员，女士和身体庞大的队员放在中间，垫后的当然是最具有独立攀岩实力的队员。于是，我们几乎没有任何险情地迅速地完成了任务。

没有完美的个人，只有完美的团队，明白了这些后，你还在等什么呢！

最后，请记住——这是一个瞎子背着跛子共同前进的时代。

小结：

如果你感到同事之间有隔阂，团队之间有对立，很多时候可能是自身存在一些问题。时常反省一下自己，对人是不是态度比较冷漠，或者言辞犀利。这些缺点在单兵作战时可能还能被人忍受，但在团队合作中会成为你进一步成长的障碍。当你意识到了自己的缺点，就要及时改正了。

没有磨合哪来默契？

很多人已经意识到团队建设的重要性，但却无法知其名，明其意。毕竟团队建设涉及很多人的观念、性格等，这些没有调和是无法完成一个团队管理的。

据我观察和总结，目前团队管理中主要存在以下情况：

公司战斗力不足，拖慢工作进度。

团队搭配不协调，工作氛围差。

团队成员之间不齐心，钩心斗角。

……

其实这些情况归根到底都是人的问题，团队磨合不好。

在我们公司，安盛是一个做事谨慎的“老顽固”。对于某些带有风险性的事务，他往往会关注存在的不利因素，几乎不愿意轻易尝试。但这一点让田锦非常抵触。田锦性格大大咧咧，喜欢在冒险中求利。他认为保守会让整个团队丧失争取绩效的机会。结果是，安盛和田锦的冲突非常明显，时常因为认知差异而彼此较劲。

同样的，我自认为自己属于“整合者”人格，比较看重团队的凝聚力。但是我也很不适应和小 Z 一起共事。小 Z 过于关注结果和成功，胜则兴奋骄傲，败则气馁自馁，还经常产生嫉妒之心。虽然我深知做事要衡量投入产出比，但仍提倡职场重在胜不骄败不馁。因此，跟小 Z 合作时常让我感到别扭。

当你看完上面这个案例，是不是有一种似曾相识的感觉？是的，在企业中，摩擦是必然的，是普遍存在的。我们该怎么办？此时，不少人会找借口回避或无睹。殊不知这样只能让团队处于一时的风平浪静，而没有从根本上解决问题。若一方自行其是，就会造成另一方的不满。倘若处理不当，更易导致矛盾冲突。

其实，这时最好的方法是磨合。一个新的团队组建后，由于成员的知识结构、工作方法、处事风格、兴趣爱好、性格气质等各不相同，共事之初总有一个相互适应的过程。这就如同一台出厂的新车，各个零部件需要经过一段时间的磨合，才能够很好地发挥出各个方面的性能。只有经过充分的磨合，团队成员之间相互适应了，才能达到配合默契、团结和谐的境界。

磨合的过程，是一个求大同、存小异的过程，也是一个化解矛盾、追求默契的过程。这就需要团队成员相互尊重，相互包容，多一些信任，少一点猜疑；多一些大度，少一点狭隘。就算两个人有不同的地方，也需要彼此吸引、配合，互相弥补彼此的不足，找出和谐相处的节奏与工作协作统一的步调。遇到意见上的分歧，能够从整个团队的大局上、站在对方的立场上思考问题，谁的意见更符合实际就照谁的办，而不是去争个你高我低。遇到意想不到的困难和问题，要相互协商，妥善化解，以和为贵。

磨合期难免存有争吵或冲突，但各个成员可以明确自己的地位，了解自己的分工，使得团队效率最大化。在磨合期内，团队成员相处越好，震荡就越小。团队配合越默契，成员感情越亲密，未来团队就发展得越好！当一个团队磨合到最默契的时候，就是最好的工作氛围。这也是团队凝聚力、战斗力的体现。

我们来看脸书（Facebook）创始人扎克伯格和首席运营官谢丽尔·桑德博格的故事。

从在哈佛读书起，扎克伯格就是以内向出了名的，不爱说话，却满腹才华，热爱数字、规律和机器，对于社交信号则置若罔闻。曾有员工撰文提到老板有“一点自闭症的味道”，原因是“他不会对你的话提供多少积极的反馈或肯定，让你知道他正在听你说话”。但桑德博格不一样，她性格外向，大方热情，以善于交际和聪明睿智著称。这两个对脸书至关重要的人物，个性如此迥异，这让华尔街众多运营公司都对脸书的生存能力存有质疑。他们都认为脸书将会是昙花一现。

的确，扎克伯格与桑德博格在很多问题上存在分歧，但他们表示合作过程中出现分歧很正常，也很健康。桑德博格在工作时咆哮过，也曾朝着扎克伯格大呼小叫。但扎克伯格并没有因此而断绝与桑德博格的合作。“扎克伯格可真是个好人。当时只是问我：‘你要我抱你一下吗？你还好吧？’”桑德博格说。扎克伯格则称赞道：“没有桑德博格的脸书，将是不完整的。”

后来的事情大家都知道了。在扎克伯格与桑德博格的联手运营下，脸书成功地度过了创业公司发展周期中最危险的阶段——快速发展期。目前，脸书已成为全球最大的社交网站，世界排名第一的照片分享站点，员工数量为两万多人，业务涉及全球几乎所有国家，月活跃用户超过 10 亿人。

很多团队问题看起来错综复杂，实际上都可以归结到“人”的问题。在团队中，与截然相反的职场人格合作最为艰难。当彼此的人格存在较大差异时，往往会出现阻碍合作的人际关系问题。但不要以此为借口拒绝团队。每个人都应以团队事业为重，朝着共同的目标磨合、包容；包容、磨合……无限循环！

哪里有矛盾，哪里就需要磨合。如果我们每个人都能认清自我，善待他人，己所不欲，勿施于人，取长补短，密切合作，努力做一个有团队合作精神的成员，那么，团队的事业就肯定会蒸蒸日上，无往而不胜。

小结：

通过拉近相反的职场人格之间的距离，让他们先在小型项目上合作，互相之间有一个了解和磨合期。等彼此互相融合了，然后再逐渐扩大合作项目规模，从而在团队中建立合作互补关系。这是一条可行路径。

越服从，越优秀

有一个刚入伍的新兵，初入军营什么都不习惯：不习惯天天穿着笔挺的军装，不习惯每天早起晨练，不习惯部队清淡的饮食，不习惯晚上 10 点的熄灯号……总之，他不喜欢，也不适应军队这些严格的纪律。他是独生子，过去自由散漫惯了，但是如果他不遵守纪律，就会受到军法处分，甚至会被部队开除。

面对这样严厉的纪律，新兵感觉很苦恼。于是他问一名老兵："你们是怎么做到的？"

老兵的答案只有一个字："忍！"

新兵嫌老兵答得太笼统，于是追问道："除了忍，还有什么？"

老兵回答："服从，绝对服从……"

这个新兵按照老兵的指示，要求自己除了忍受，就是服从，服从所有这些严肃而有节奏的纪律生活，不久竟然也能做到了。

一支富有战斗力的军队，必定有铁一般的纪律；一名合格的士兵，一定具有强烈的纪律观念。军队中的第一课永远都是教会士兵们什么是服从。这并不奇怪，因为士兵并不是只要学会了战斗技能就可以上战场的。不懂得服从的士兵，什么都不是。要知道，没有服从力的军队永远只是一盘散沙，再精妙的战术也无从施展，再精良的武器也得不到有效的使用。

职场也是一样，对于公司而言，"没有规矩，不成方圆"。如果一个人总是我行我素，对于领导安排的工作不能服从，无视团队的整体利益，那么他的工作就是在拖后腿儿、使绊子。这个人就是整个团队的消极因素，很可能被团队踢出局。这样的员工根本谈不上什么发展，接下来只好发愁了。

因此，工作中一定不要以自我为中心。个人和团队的发展是密切相关的。个人必须要有大局观，服从公司的利益，服从领导的安排。据我观察，一个优秀的员工在接到任务时，不会首先考虑自己的利益得失，第一时间为自己找各种借口，而是会选择不动声色地服从，考虑如何完成领导安排的工作。

田歌在大学时学的专业是会计，而她初进公司的职务则是人事部文员。她长相一般，能力也说不上如何的出类拔萃。但她在进入公司短短的两年时间里，在每一个部门都做得有声有色，每一次调动都令人刮目相看。关于田歌的升迁有各种各样的说法，大致上有一个共同点就是，大家觉得是好运气眷顾，否则为什么会一路绿灯，一路凯歌呢！只有田歌自己清楚机会是怎么得来的，一是努力，二是服从，绝对的服从。

加入这家公司的时候，原本打算去财务部的田歌被分到了人事部做一名不起眼的文员。那个部门能言善辩、八面玲珑、深谙权术的人比比皆是。跟他们相比，田歌甚至连菜鸟都算不上，而且因为专业不对口，凡事都要从头学起。但是田歌没有拒绝公司的安排，也没以此为借口敷衍工作。她恪尽职守。领导让她做什么，她总是竭尽所能，在第一时间把工作做得让人无可挑剔。当别人趁着老板不在扎堆抱怨工作，百无聊赖，甚至故意拖延工作的时候，她却在悄悄地熟悉公司各个部门、产品以及主要客户的情况，以求尽早地摆脱扣在自己头上的那顶名叫“新人”的大帽子。

一年后，公司决定到一个新的地方开辟市场。那是一个十分偏僻的地方，在人们的印象中几乎是贫穷、落后、闭塞的代名词，跟公司产品看起来是完全绝缘的。公司以前也尝试过在那里开辟市场，但产品很难打开销路。然而，公司高层不知道为什么看中了那个市场的前景。在新制定的战略规划中，那是一个极为重要的地方。之前，领导曾经想过把这个任务交给一些有经验的老员工，但是都被他们找各种借口推托掉了。因为他们都觉得这是一块没有油水的骨头，去那里是白费力气。最后，领导把这个“烫手山芋”给了田歌。田歌虽然也有各种担心，但她二话不说带上样品就出发了。

虽然市场的销路很难打开，但田歌没有退缩。她心想，公司的战略自有其深意，领导的安排也不是故意折腾。所以她干得非常认真，十分起劲。那段时间她骑着一辆二手的电动车，每天穿行在大街小巷，挨家挨户地推销公司产品。三个月后，田歌竟然带着好几个大订单回到了公司，令领导刮目相看。原来那个地方近两年来由于旅游开发，人们的消费水平已经发生了翻天覆地的变化。其实，田歌原先也认定自己会无功而返。但由于服从意识，她仍然全力以赴地去做了，没想到成功居然那么容易。

假如你是老板或企业领导，你愿意看到自己至亲至信的员工接到任务时推三阻四吗？你希望看到在花费了大量人力、物力和财力之后却得到不合格的结果吗？你会耐心倾听员工解释完不成任务的原因吗？你一定不愿意。那么，你是否想要你的员工二话不说就卯足了劲地去执行任务？你肯定愿意。

现在你知道让服从成为自己潜意识里的选择是有多么重要了吧？公司是一个需要大家各司其职、各尽其责的团队，只有团队中的每一个员工都做好领导交代的每一件事情，公司的战略和设想才能确保被执行下去，业务流程才能得以正常运转。这样，团队将发挥出超强的执行能力，使团队胜人一筹。

服从就是不找借口去执行。这意味着每一位员工都必须服从公司的整体利益，严格遵照工作流程，按照工作行为准则去做事；遵从和接受上级的指示要求和命令，即使有怨言，也绝对不找借口地去执行服从；无论遇到什么困难绝不找任何借口推托或搪塞，保质保量，不打折扣地完成任务等。越是具有服从意识的人，就越能够脱颖而出，成就优秀的自己。

小结：

我们这里讲的服从，并不是对上级的指示和决定，在不理解其意图的情况下一味地附和，一概听从，一律执行的盲目行为。服从，需要辨证思考，学会分析，处事有主见，特别是在发现原则问题时，一定要及时地向领导坦诚自己的看法和建议，而不能明知不对，有错不纠。

获得别人助力仅需你学会点赞

随着“点赞”一词走红网络，人们每天都会借此对许多人和事表达内心的喜爱和称赞，那么你有点赞过你的同事吗？在竞争激烈的职场上，不少人总想超越别人，容易忽略别人的优点，反倒对彼此间的缺点很敏感。当发现别人的优点时，更多的是羡慕，有时会嫉妒，偶尔会恨，这是使工作陷入困境的征兆。

人与人之间的相处没有什么捷径可言，最重要的是心与心之间的靠近。每个人都渴望自己的价值得到别人的认可，渴望得到别人的关注。尤其在我们付出了辛勤和复杂的劳动之后完成的工作，更是期待别人的点赞。这也是为什么指责和抱怨无助于沟通和事情解决的根源所在，我们的行为不能违反人性。

所以，要想获得别人的助力，要想工作进展顺利，我们就得学会为别人点赞。所谓点赞，说白了就是一种心理认同，具体包括肯定、欣赏、赞许、表扬等。

兰惠是一位化妆品公司的女老板。如果就表面看来，她貌不惊人，才不出众。可是，就是这样一位相貌、能力平平的女人，却有着异乎寻常的吸引力。周围的许多朋友都喜欢和她在一起聊天。更神奇的是，这个行业里最优秀的顶尖人才都聚集在她麾下，而且任凭别的公司高薪挖墙脚都挖不走。

有许多人对此不解，就问兰惠有何管理人才的秘诀？兰惠淡然一笑，回答道："其实，我根本就没有什么秘诀。如果非要说有的话，那就是我愿意真心诚意地赞美我的员工。"

"听听我的故事吧。"兰惠继续说道，"刚毕业找工作时，我到一家化妆品公司应聘导购。经过三轮应试，只剩下包括我在内的 5 人进入最后决赛。当时每个人发挥都很出色，最后我应聘成功了。知道为什么吗？因为当竞争对手演讲至精彩之处时，我总是情不自禁地为其鼓掌，低声说一句：'说得真好！''她的表现真棒！'这一无意间的举动被主考官看到了。她毫不犹豫地留下了我。"

赞美他人所带来的好处，让兰惠始料不及。在以后的工作中，她更是秉承这种作风。即使身为经理后，当下属通过自己不懈地努力取得好的成绩时，兰惠总是能够第一个为她们送上自己的赞美，而且绝对没有嫉妒，没有嘲笑，完完全全地发自内心，不但真诚，而且毫无造作与虚伪。难怪员工都会十分乐意在她手下工作，并且在各自的工作岗位上奋发进取，不断取得更好的成绩。

为什么职场中你的人缘不好？不要总借口说是别人的错，是别人态度冷漠，或求全责备等，你应该思考一下，平时你对别人的态度是否热情，是否给予过对方赞美或鼓励等点赞行为。

不要说别人没有可以点赞的地方，要知道每个人身上都有闪光点。比如，对于经商的人，可以称赞他头脑灵活、生财有道；对于知识分子，可称赞他知识渊博、宁静淡泊；对于年长者，可以称赞他成熟稳重、富有阅历；对于年轻人，可以称赞他神采飞扬、活力四射，赞美他前途无量……

同事是每天和你在一起时间最长的人，你们之间因为有太多的合作而更需要彼此的理解与支持。用欣赏的眼光去看待同事，当别人晋升时要表示祝贺，当别人取得成绩时要送去祝福，不仅会让同事感觉到你对他的重视，无形中增加对你的好感，而且有利于增强团结，对你的职场发展也是大有好处的。

点赞这件事简单得很，这种事人人都会做，你未必做得最好。因为点赞难在别人眼中不那么虚伪，不那么敷衍。这些都是稍加注意就能解决的问题。在这里我要特别强调几点，做到这些你才是点赞的高手。

点赞要恰到好处，不要太露骨，不要太夸张，否则会给人虚假和牵强的感觉。

点赞时不要拉上具体的人做对比，说出“你比 XXX 强太多了”这样的话，不然那个 XXX 听到了，一定会对你怀恨在心。

点赞的话语不要太空泛，要有具体实例，才能让被赞美的人信服，产生飘飘然之感。

点赞他人切忌胡乱比喻，言不及义。不然，你信口胡说，想拍马屁却拍到了马蹄子上。与其这样，还不如老老实实地说几句没有文采的正常话。

……

还有很重要的一点是，深入了解他人，不要人云亦云。

约翰是一个很好客的人。有一次，他邀请我们几个关系不错的同事到家里去吃烤肉。这是一个小型的家庭聚会。约翰已经在自家的院子摆好一排排烤肉架。这次聚会既是为了庆祝约翰工作升职，也是为了与朋友们联系感情。所以约翰不但请来自己的朋友，也请来了太太的朋友，场面很是热闹。

过完开心的一天后，我们几个同事主动留下来帮夫妻俩收拾院子。我们在院子里干活的时候，耳边传来约翰太太的话：“你听到我的朋友们都说什么了吗？她们都夸你能干，夸你这么年轻就买了这么漂亮的房子，你不知道她们有多羡慕我。”

“我听到了。”约翰笑着说。

“你对我的哪个朋友印象最深刻？”约翰太太问。

“珍妮。”

“咦？”约翰太太有些意外，“可是，你并没有和她说上一句话啊。而且珍妮也不是丹、罗斯那样的美女，你为什么会记得她呢？”

“因为当别人都在赞美你的老公有多么能干的时候，只有她说：‘海伦，我真羡慕你，你有一个多么好的老公。他这样精心地为你庆祝，又如此考虑你的朋友，他是真的爱你。’”

这个细节我至今记忆犹新。那位我只打过招呼，甚至不记得长相的珍妮女士，给我上了重要的一课。点赞别人时，要从别人微小的长处出发。越详实具体，说明你对对方越了解，对他的长处越看重，更让对方感到你的真挚、可信。特别是在一些小事上，你留意了，点赞了，比一天夸对方几十遍还让他开心。

例如，“汤姆，你今天的穿戴非常得体，你的领带跟你的黑色西服很相配”，要比“汤姆，你今天穿得很帅”更能说到汤姆的心里去；而“塔莎，你每次和人们说话时，都能照顾到对方的情绪，让他们觉得自己很重要”就比“塔莎，你很会与人相处”更有力量，与你交谈的人最享受这一刻。

小结：

点赞不局限于一些口头赞美，我们还可以借助于身体语言。比如，投以赞许的目光、肯定的眼神，做一个夸奖的手势，送一个友好的微笑或送去鲜花和掌声，等等。这些都能够让对方由衷地感受到你的真诚，对你的好感度大增。

把人脉理成一张关系网

如果有一天你突然发觉，自己的事业已经很久没有“进展”了，这时你首先会检讨什么呢？多数人可能会想，自己的才能或知识不够了，考虑自己应该上个培训班或者再去学校拿个文凭，提高一下自己的专业知识，等等。很少会有几个人想到，我的人脉关系是否够用了，是否需要整理和扩展？

在职场中拼搏，专业知识固然重要，但人脉也十分重要。日常生活中，我们听到关于人脉的比喻简直是太多太多了：人脉好比存折，人脉好比金矿，人脉好比大树……这绝非耸人听闻。美国哈佛大学为了了解人际关系对一个人成功所扮演的角色，曾经针对贝尔实验室的一批顶尖研究员们做过一项调查。结果是这样的：在事业有成的人士中，26%靠的是专业能力，5%靠家庭背景，而人际关系则占69%。

人脉不是直接财富，为什么却能催化成功呢？一起看一下我的亲身经历，大家就明白了。

年轻时我曾做过一段时间的汽车销售。那时候我一无背景，二无资源，业务迟迟无法推进。后来我有幸成为总经理的一名“跟班”，经常跟着他出入各种高档的场所，也认识了很多有钱的老板。有一次，总经理带我参加T老板的饭局。我之前也见过几次T老板。我曾经去他的公司推销过汽车。他是我们的意向客户，但是他的态度很冷淡。所以去的路上我的心里有点发怵。

果然，一见到我，T老板的表情就有些不自然了，有些怒气地问总经理：“你怎么带了一个小毛孩过来呀？”好在总经理维护我：“T老板，这是我的助手。我带他来见识见识。”让我很意外的是，在总经理说完我是他助手后，T老板对我的态度好了许多，笑着叫我入座。吃饭时，T老板还说了这样一句话：“我和你们总经理是兄弟，以后我就把你当成小弟了。”后来，我再去拜访T老板时，他的态度来了一个180度的大转弯，并且没多久就通过我买了一辆新车。

后来我明白，如果没有总经理的关系，我是不可能和T老板坐在一起吃饭的，更别说让对方从我这里买一辆十几万的汽车了。

实际工作中，相信你也有过类似的经验吧？遇到困难或者不懂的地方，如果你能够积极主动地求助于周围的朋友，或通过朋友的介绍而求助新朋友，那么你的问题往往会轻松地得到解决，而且你还会认识更多的朋友。人缘越好，人脉越宽，你做起事来就越方便，越容易通往财富、荣誉、成功之路。

我们每个人的工作都不会在隔绝的状态下展开。你认识的人有多少呢？在我看来，社会就是一张巨大的网，每一个人就是网上的一个节点。我们可以清楚地看到：它以自己为中心，把周围的人按照亲疏远近来画圈：最里面一圈是父母、兄弟、姐妹，稍外一圈是亲朋好友、邻居、熟人，再外一圈是同事、领导、客户等，最外一圈是一些素不相识的陌生人，层层分明，一目了然。这个人脉圈子一旦建立起来，就可以为我们提供人力、信息、品牌等一切助我们成功的资源。

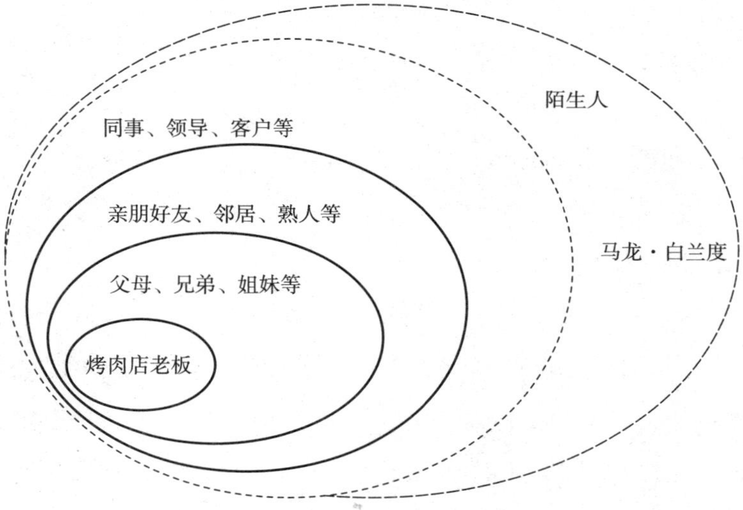

图 5.2　人际关系图谱

说到这里，我们可以参考国外研究者的一个案例。

德国巴黎市区一位烤肉店的老板，一直希望和自己喜欢的美国好莱坞影星马龙・白兰度坐下来聊聊天。他强调的是“希望”，因为这是不可能的事情，毕竟白兰度和他素不相识。不过，一家德国报纸得知这一消息后，决定帮助这位老板圆梦。很多人觉得这是一件不可能完成的事情。但几个月后，报社不仅帮助烤肉店老板与马龙・白兰度真的坐在一起喝茶、聊天，而且他们还发现，马龙・白兰度与烤肉店老板，两个人之间只经过不超过 6 个人的私交，就可以联系在一起了！

原来烤肉店老板有一个朋友住在美国加州。刚好这个朋友的同事是电影《这个男人有点色》的制作人的女儿的密友的男朋友，而马龙·白兰度恰恰主演了这部片子。

“寻找马龙·白兰度”的案例证明了一个理论：我们地球上的所有人，从某种意义上来说都可以通过个人的关系网联系起来——任意两个人之间的最短距离都不超过6个人。

看到这里，你是不是会惊呼——哇！这个世界原来这么小。

如果说那些职场成功人士有什么特别的话，其中很重要的一点就是：他们平时把经营人脉看做自己工作的核心内容，随时随地都在经营人脉，随时都在想着“人”和“关系”。

哈维·麦凯就是通过借助自己和别人的人脉，走上成功巅峰的。

哈维·麦凯从大学毕业那天就开始找工作。雄心勃勃的他面试接连失败，这给了他不小的打击。哈维的父亲是一位记者。他认识一些政商两界的重要人物。其中有一位叫查理·沃德，他是全世界最大的月历卡片制造公司的董事长。靠着父亲的人脉关系，哈维得以在沃德的信封公司谋得了一个卖信封的职位。在工作中，哈维熟悉了经营信封业的流程，懂得了操作模式，学会了推销技巧。可是他认识的人太少了，信封卖得很不理想，收入非常低微，连普通的公寓都租不起。更不幸的是他母亲也过世了，生活陷入了艰难的境地。他急切地想找到一条成功捷径。

怎么办呢？哈维苦思冥想。他听说明尼亚波里斯市有一个乡村俱乐部委员会，那里有300多名会员，他们在高尔夫联盟的成绩一向排在后面。他的主意来了。哈维只身拜见了俱乐部主席，请求对方允许自己免费加入。为什么请求免费呢？因为那里的入会费高得惊人，哈维是无法负担得起的。“主席，我会打高尔夫球。我曾经赢得过两次市冠军，而且还是州立高中竞赛的亚军。希望我的加入能为俱乐部的发展带来更好的契机。比如，帮助俱乐部赢得市联盟冠军赛，让俱乐部的口碑和身价迅速提升，并获得更多的收入。请您给我一个机会。”哈维诚恳地请求道。

面对眼前这个只有 22 岁、没有人认识的小伙子，俱乐部主席很迟疑，但最终还是决定让哈维试一试。哈维是有实力的。他不仅个人积极地为比赛做准备，而且还研究对手们的比赛风格，统筹俱乐部的作战计划，最终帮助俱乐部赢得了那场冠军赛，也实现了他免费加入俱乐部的愿望。300 多个会员，这就意味着哈维有了 300 多个潜在客户。而事实也证明，这些客户有很大一部分都在哈维以后的事业中起到了关键的作用，帮助他最终成为全美著名的信封公司——麦凯信封公司的老板。

从哈维的经历中，难道你还看不出人脉到底在你的事业中占据着多大分量吗？

明白了这些，你就赶快开始吧。不管你从事什么行业的工作，无论你处在职业的哪个阶段，建立人脉圈是宜早不宜迟的事，最好应该和一个人的事业同时起步。记住，没学历、没背景、没机会……这些都不是你甘愿平庸的借口，因为只要你拥有掌握这些资源的人脉，一切慢慢都会有的。

小结：

如果你想拥有丰富的人脉资源，就绝不能坐等天上掉馅饼，不能有畏缩、懒惰、怕麻烦等心态，而是要主动，主动，再主动，不要怕被拒绝，不要怕丢面子。在平时你可以主动参加有影响力的组织和圈子，积极参加本行业的各种活动，主动尝试和陌生人打招呼和聊天等。

第六章

总结成功再次成功，总结失败避免失败

没有反省就不会有进步，今天的工作绝不是昨天的重复。一次的错误、失意、失败等，也并不是你放弃努力的理由。有人之所以能够不断地进步，一次次成功，在于他能够不断地自我反省，找到自己的缺点或不足，然后不断改正，尝试最好的工作方式，寻找最佳的工作状态，少走弯路，少犯错误，进而最大程度地提高工作效益。

错不怕，就怕不知错

人非圣贤，孰能无过。你，我，他，有几个人敢担保自己的主张或行为是毫无差错的呢？有几个人敢说自己从没有说错过一句话，或做错过一桩事呢？每个人都会犯错。当他人犯错误时，我们总是希望他人能够承认并加以改正。可是错误一旦发生在自己身上，我们却习惯找各种借口为自己开脱或推卸。

回想一下，在犯了错误的时候，你是否有过这些解释：

“我不是故意的……”

“本来不会这样的，都怪其他部门的疏忽……”

“我是按要求去做的，错不在我……”

你也许认为找到了合适的借口为自己辩护，就能掩盖自己的错误，把责任推个干干净净，但事实并非如此。一味地隐瞒错误或为自己的错误寻找开脱的理由，只会制约你前进的步伐，减慢你成功的速度，降低你的行为质量，从而对今后的加薪与晋升有所影响，甚至还会被老板炒鱿鱼。

亚文是某报社的一名编辑。他才华横溢，思维敏捷，却工作懒散，积极性不高，经常发生拖稿现象。但每次被领导问责时，亚文都有为自己开脱的理由：“这不是我的责任，有同事让我帮忙做其他事情……”“我本来不想把稿子写成这样的，但责编坚持要我这样写……”结果，亚文被社里辞退了。

眼见近几年网商发展不错，亚文想转行搞服装网络销售。有人劝他，现在服装网络销售行业已经人满为患，许多实力雄厚的公司都生存艰难。像亚文这样没有经验的人，贸然投入不见得是好事。但亚文拍拍胸膛，说：“没经验怕什么？

我刚从事这行时也没经验，还不是做下来了？”他执意转行。结果，由于服装网络销售行业竞争太激烈了，亚文一天卖不了几件衣服。但亚文不愿承认自己的决策失误，坚持说：“这不是我的原因，只是市场突然不景气罢了。这只是暂时的，过一段时间情况一定会好转的。”

亚文执迷不悟，结果钱没挣到，还赔了不少。

承认自己错了，并不会带来多大损失。而一意孤行，拒不认错，却会让自己一错再错。这就犹如讳疾忌医，人若是生病了，逃避是毫无意义的。不承认自己有病，并不表示你真的就没有病。总是逃避，只会导致病情更加严重，直至无药可救。这也告诉了我们一个道理：一个人有错误并不可怕，可怕的是不敢正视它，承认它。不从自身找原因，强调客观，极力推诿，这也正是许多人一直不成功的原因之一。

错误，到底代表什么呢？它不是一种无知或无能，而是一种宝贵的经验。因为犯错了，你才知道自己的缺点在哪里，不足是什么。只要你能够深刻地记住这次教训，积累了经验，下次不再犯类似的错误，最终不断地完善自我。经过多年对成功人士的研究，我得出了这样的结论：成功分三部分组成，一部分是卓越的才能，一部分是良好的机遇，还有一部分就是知错就改，不断进步。

在这方面，肯尼迪总统的事例就是很好的说明。

在哈佛大学就读时，爱德华·肯尼迪的成绩并不突出，后来还因考试作弊遭哈佛大学开除。这是肯尼迪人生中很不光彩的一页。几十年后，肯尼迪有幸跻身政坛，并作为候选人参加总统大选。当时，竞争对手为了打倒肯尼迪，便旧事重提，将这件事情抖了出来。果然这件事在政界引起了轰动。如果对方利用这个证据，就能使肯尼迪的形象蒙上一层阴影，从而断送他的政治前途。

假设你是肯尼迪，你会怎么做呢？一般人大概都会努力否认，然后澄清自己吧？但肯尼迪却没有，他很爽快地承认了这个错误，并真诚地忏悔道：“我对于我所做过的这件事情感到抱歉。不过，也正是通过这件事情，我明白了做事情不能投机取巧，必须踏踏实实行动。假设我不曾犯过那次错误，或许我就不会像现在这样务实。”结果，肯尼迪不但没有因此受到丝毫的不良影响，反而扭转了局势，顺利地当选总统。

一个人既然已经承认了错误，那么别人还能再去攻击他吗？

一般来说，一个人敢于承认自己的错误需要有两个前提：一，他承认自己有错，就说明他已经认识到自己的错误，并不打算瞒天过海，现在的他很坦荡，没有什么可隐瞒的。二，曾经的错误不但没有成为他的耻辱，反而已经化作了他的一种宝贵经验，他愿意与其他人共享自己的这一经验。

丢弃错误，我们才会看到一条向上的路。追求卓越的过程，其实就是在错误中前进。

当工作中出现问题的时候，不要总是抱怨别人，或找借口开脱，要从自身找一找原因，及时改正错误，并能够吸取教训，那么错误就会变成一笔宝贵的财富，引领你登上事业巅峰。找不到自身问题的人并非不存在问题，而是自我感觉良好，自己意识不到，发现不了，找不准自身存在的问题。

比如，有位领导在决策和处理问题上比较独断，不善于听取群众的意见和建议。这令下级总是对他敬而远之。而他一直以为这是自己有威严、敢担责的表现。有些人总是希望讨别人高兴，毫无原则地附和别人。你以为这是有亲和力、性格随和的表现，却不想，别人会觉得你没原则、没能力，反而会无视你、利用你。

错不怕，就怕不知错。那么，如何才能提高发现自身问题的能力呢？我概括出两点：一要善于听取别人的批评，正如俗语所说“兼听则明”；二要学会自省，客观公正地审查自己，检阅自己，不留情面地剖析自己，反省、思过、改进，及时拨正人生的航向，才不至于马失前蹄，人仰马翻。

小结：

时常主动地反省自己，别等到错了再行动。设想一下，如果你每年反省自己一次，则一年只有一次改正错误的机会。如果每月反省一次呢？你就有12次改正错误的机会。若每天反省一次，那么你就有300多次改正错误的机会。错误少了，效率自然就高了。

分析偶然性，让成功成为必然

相信很多人对这些现象困惑不解——为什么做同样的一件事，别人总能如愿以偿，春风得意，自己却怎么努力都做不好呢？为什么自己没日没夜地奋斗，工作多年，却依然默默无闻，屡受挫折，有的人却成为佼佼者，不停地创造着奇迹……于是，不少人开始抱怨命运的不公，抱怨自己生不逢时。

真的是这样吗？未必！告诉你，在一个竞争激烈的领域里，你若是和别人比辛苦，人家干5个小时，你就干10个小时；人家干10个小时，你就干20个小时，累死了也赚不了多少钱。因为量的叠加并不一定带来质的变化。许多人穷其一生难以翻身就是误在这里，所经历的迷茫和窘境也正归咎于此。

面对一个全新的社会，我希望所有人及时觉醒，用更新的眼光看清这个社会并不是全靠努力和辛苦赚钱的，有时候比的是谁能抓住"风口"的能力。"站在风口，猪也能飞起来。"这是雷军的名言。"风口"说白了就是一种因势利导，做一件事，开创一项事业，好的时机很重要，即所谓的天时。

这样的现实案例有很多。有些人之所以能够更快地成功，就在于他们最先敏捷地看到了一种发展趋势，并对有利的形势巧妙地加以利用。一旦率先抓住了"风口"，你完全不用很辛苦，很卖力，只需要做得比竞争对手好那么一点点就行了，你就会咸鱼翻身，实现鲤鱼跳龙门的梦想，取得更高的成功概率。

近几年，我开始涉猎投资理财领域。有朋友向我推荐了几本对投资有帮助的书籍，其中包括"华尔街巨熊"李佛摩尔的《股票作手回忆录》《股票大作手操盘术》。我发现，每个时代的基金经理都有独特的风格，像李佛摩尔，他发迹于20世纪二三十年代，那个时候美国正是基建大爆发，李佛摩尔买的股票都是伯利恒铁路这样的基建类股票。对于追随市场趋势的意义，李佛摩尔也高度强调："经验能给你带来稳定的利润，而观察是最好的市场信息提供者。关键并不在于以尽可能低的价格买进，或是在最高点上做空，而在于在合适的时机买进和卖出，这几乎是肯定可以赚钱的。"

彼得·林奇是全球基金业历史上的传奇人物。由他执掌的麦哲伦基金13年间资产增长27倍，创造了共同基金历史上的财富神话。在著作《彼得·林奇的成功投资》和《战胜华尔街》中，彼得·林奇说自己的投资智慧是从最简单的生活方式中体验的。彼得·林奇喜欢逛街。在书中他讲到了有一个美体小铺的10倍股公司。彼得·林奇的夫人和女儿逛街的时候，发现这个产品不错。于是彼得·林奇就注意到这个公司，进而研究这个公司，发掘了这支10倍股。而且他尤其热衷买消费类的股票，如航空、餐饮等。请注意，彼得·林奇担任基金经理是在20世纪70年代到90年代。当时美国私人消费的支出，有非常快速的上升趋势。所以，彼得·林奇经常能发掘出10倍股。

我现在问一个问题，如果把李佛摩尔和彼得·林奇换一个时代，会出现什么情况呢？他俩肯定谁也不能成为传奇，所以人只有顺时顺势才能容易成功。

一个时代无论怎样发展，注定会有1%的精英在上层领头，所以成功具有必然性。但可能有10%的人具备的能力和那1%不分伯仲，为什么成功者却只有那1%？因为成功又具有一定的偶然性。偶然，代表着突然出现，代表着意想不到。然而偶然并不是真的偶然，成功从来都不相信偶然，而是站对了风口。

兵经曰："能相地势，能立军势，善以技，战无不利。"那么怎么找对"风口"呢？这就需要我们学会审时度势，即站在宏观的位置上，以全局的眼光，在纷繁复杂的环境中，及时准确地预见发展趋势，时刻考虑世界、国家和时代在发生什么？现在市场上各种各样的事情里面，将来十年八年、三四年、两三年能发生的最大变化是什么？整个市场上、大环境最大的变化是什么？

在这里，我列举一下皮尔·卡丹的案例，非常典型。

皮尔·卡丹是意大利知名服装设计师。1950 年，他在法国创建了以自己的名字命名的“皮尔·卡丹”服装公司。当时二战刚结束，巴黎经济萧条，普通老百姓紧衣缩食，只有有钱人才讲究服装搭配。根据这一消费市场，卡丹设计的是在金字塔顶端的高档时装，“高尚”“大方”“优雅”“豪华”，这些服装一经推出，演艺界名流、社会上层人士、达官显贵等为之倾倒，争相慕名前来订制。一时间，皮尔·卡丹成为法国时装界“先锋”派的重要代表人物，引领着服装时尚潮流。

随着法国经济的迅速复苏，普通老百姓的生活水平不断提高，对服饰文化层面也开始有所要求。此时，皮尔·卡丹意识到目前这些服装的天价绝对不是一般人能够享受的，“只有面向众多的消费者才有出路。因为只有扩大消费面，才可能使它产生普遍和广泛的影响，并经受更大的考验”，于是毅然提出了“成衣大众化”的口号，将自己设计出的高雅、领导潮流的新颖时装进行了批量生产、加工，并本着“薄利多销”的经营原则，投放到了“大众化”的市场，使更多的人穿上时装。

数年后，“皮尔·卡丹”品牌的服装得到了大众化普及，牢牢地占据了时装品牌的宝座。这时，皮尔·卡丹意识到服装一旦普及必定会有人仿制抄袭。于是他决定改变自己的经营策略，向全世界宣布征召加盟商，大卖皮尔·卡丹商标的使用权。而且商标不仅仅限于服饰，使用者什么行业的都有，如自行车、香烟、儿童玩具、床上用品、化妆品……通过转让商标，皮尔·卡丹在遍布世界五大洲的 80 多个国家里，拥有 5000 多家“皮尔·卡丹”的品牌专卖店，20 多万名员工，总资产高达 10 亿美元。

皮尔·卡丹这一系列做法，无不渗透着对市场趋势的领悟和把控，直至今日仍值得我们借鉴和学习。

俗话说，“知己知彼，百战不殆”，时机总是不断变化的。要想找准“风口”，使个人成功扶摇直上，建议你经常订阅一些与本行业相关的期刊、报纸等等，也可以浏览、关注相关的网站、公众号等等，及时了解行业的最新信息；经常参加行业或其他专业性强的社团活动，如展销会、贸易会等等。这样你就能够从偶然的信息中，发现风口，并第一时间把握住机会，顺势而为，成就自己。

小结：

风口不是一天形成的，而是一点一滴地逐渐累积形成的。发现风口也是一个需要长期学习和积累的过程，一定要保持觉醒的头脑，客观、冷静的态度，不断地观察、分析、思考，目光一定要长远，不可操之过急。

不妨将失败“体系化”

每一个人都渴望功成名就，事业有成，但在实现过程中，无论你是谁，都不可能一直如愿，都有可能遭遇失败。你开了一家公司，却倒闭了；你参加比赛，以没有入围而终；因为损失了一个重要订单，你被解雇了；你敢于梦想，勇于实现梦想，却失败了……面对这些失败，你会怎么办？

对大多数人而言，最糟糕的事莫过于品尝失败的滋味了。但切记，这不是你抱怨、沮丧，甚至自暴自弃的借口，因为这种消极的做法不会带给你任何好处，相反却可能导致你一事无成。我们身边很多才华横溢的人，就是只因为人生中的一次小小的失败而郁郁寡欢，一蹶不振，最后一事无成。

在多年的职场生涯中，我也并非总是一帆风顺，也曾遭遇过诸多失败。虽然这些失败让我备受打击，甚至想到过放弃，但我从未在失败中沉沦，而是试着将失败“体系化”。之后我发觉这些失败未必不是一笔财富。它们让我的思绪脉络更清晰，各项计划更周密，最终化失败为胜利。

我们如饥似渴地寻找这个秘密：如何逃离失败，走向成功。

在我看来，在这件事情上，我们的方向错了。

我们与其问自己：怎样才能够避免失败？倒不如问自己：怎样才能让失败变得更有价值？

让失败变得有价值，这就是将失败“体系化”的意义所在。什么叫将失败“体系化”？俗话常说，“吃一堑，长一智”“不要在同一个地方摔倒两次”。将失败“体系化”，就是要将那些失败的经历整理起来，记下失败的类型和原因，善于从失败中学习，总结失败的教训，以此作为前车之鉴。

据我所知，韩国三星集团董事长李健熙在这一方面就做得很好。李健熙在做副社长时就已经很重视失败，也擅长从失败中汲取经验。他曾提出了非常实际的“失败不可避免论”。他说：“开发一种新产品，平均要经历一万两千次失败。没有人是完美无缺的，失败是不可避免的。比起花心思考虑怎样处罚一个人，还不如教会这个人以积极的态度面对失败，在失败中学习，并且将其经验教训推广给每一个员工。”李健熙容忍和鼓励员工面对失败。他总是嘱咐下属要认真地记录下每一个失败案例，甚至常驻海外的职员与当地居民吵架的事件，他都要求记录下来。集团内部也经常会召开失败检讨大会，以这样的方式收集失败案例，鞭策公司进步。

的确，有时候失败就是失败，至少在短期内，在某一件事的当前处境来看是这样。但失败不等于输，失败其实带来了更多的有利机会和丰富经验。如果我们能够不断地对失败进行整理，从失败中总结出经验教训，那么每一次失败都是一次宝贵的学习机会，都是一次自我成长、自我提高的机会。

所以，遭遇失败的时候，请不要再整日的忧心忡忡，不要总强调“我已经失败了”的信息。应对失败最好的办法，就是做好失败的相关记录，特别是那些令你刻骨铭心的失败。这份记录中，应该包括你失败的原因，你对失败的感受，这次失败对未来有什么启示，你学到了什么知识，等等。

托马斯·爱迪生是最伟大的科学家之一。他的一些经历就很能说明这一道理。

在发明电灯的过程中，爱迪生几乎把自己的精力都投在了试验上。他所遇到的困难首先是要找到做灯丝的材料。他先用炭化物做试验，失败了。他又以金属铂与铱高熔点合金做灯丝试验，还是失败了。后来他还用能够找到的各种物质做灯丝，共做了1600种不同的试验，结果还是失败了。而且，爱迪生把所有的实验细节都记录下来，一生写下了约500万页笔记。爱迪生还经常使用一种小型的口袋笔记本。尤其在他事业的后期，他常常用口袋笔记本来记录实验室数据和工作情况。

一次次失败之后，助手心灰意冷地说："花了那么多的时间，做了这么多的工作，可都失败了。"爱迪生翻看着实验笔记，微笑着反驳道："怎么能说失败了呢？至少我已知道了这几千多种办法是不能用的，它和成功一样有价值。"接下来，爱迪生又开始尝试使用其他材料，继续进行自己的实验。后来他将炭丝装进玻璃泡里，一经试验，效果很好。就这样，世界上第一批炭丝白炽灯问世了。

俗话说，"失败是成功之母"。我们只有真正了解了失败，才能够战胜失败。一次成功，就能把所有的试错成本收回。

现在就开始吧，将你所遭遇的失败具体地记录下来，并进行大致地归纳和整理，然后把它们分成知识型错误、思维方法型错误、方向错误等几部分。这样一来，你就可以把诸多的失败梳理成清晰的知识网络，接下来再来总结经验与教训，总结思路与方法，把"失败信息"转化为"失败知识"。

失败并不可耻，你可以败在经验、败在技巧上，但绝不能败在懒惰上。一旦遭遇失败，要清醒地问一问自己："我为什么会遭遇失败？""我应该如何做才能将失败的损失降到最低？""我能够从这次失败中学到什么？""下次遇到这样的事情我应该怎么做？"……几经努力之后，成功自然而然地就来了。

小结：

一个优秀的特工，必须提前训练，让自己看到在各种极端情况下可能发生的失败，才能在实战中快速灵敏地应对各种突发情况。失败也是可以预演和训练的，就是提前思考和模拟：在什么情况下，我做这件事情会失败。你考虑得越充分，思考和预演得越频繁，失败的概率就越低。

复制成功，就能更成功

几乎所有人都向往成功，所以成功学如此经久不衰。

我既不是成功学大师，也不是成功学的脑残粉，但通过自身真真切切的感悟，并且用自己做了一系列试验，而且通过社会大数据分析，我发现了这样一种现象——美好的、优秀的东西都有一套练成它们的法则。当你恰巧也掌握了这套法则，那么你将获得同样的优秀。也就是说，复制成功，就能更成功。

为什么我会提出这样的观点？大家不妨一起来思考：

为什么有些学校培训出来的学生，就业率、优秀率会那么高，学生技能和素质就那么高？而其他学校的学生相去甚远？

为什么自己在家健身，坚持很久，效果却很一般，而且很难坚持下去？而跟着那些优秀的健身教练去训练，哪怕你是一个体质很差的人，你同样可以训练得非常有效果，而且哪怕很累，你也可以坚持下去？

为什么阅读了经典的书籍之后，你就如同和大师对话一般，在某个具体领域内得到很大的进步？相反，你阅读一些学表不学里的书籍，哪怕你再努力，看的同类书再多，依然很难有非常大的进步？

所有的这些都说明：成功确实有一套可以复制的模板，可以复制、粘贴到任何有自由意志的人身上，并获得意料之中的效果。

就比如我自己，当我决定开始进入管理领域的时候，在一段时间内我拜读了国内外诸多的管理学书籍，增长了知识，开阔了视野，提升了能力，收获颇丰。后来，我见不少成功学大师通过授课的形式为人们答疑解惑，便尝试着根据自身的工作经验及心得写一些基本的管理学书籍。这里主要是将一些管理知识简单化、系统化，更重要的是具有可操作性，用来帮其他培训机构培训学员。结果我居然招到了不少学员，每个月都能凭此赚几万块。为什么目前我总是有时间去写书，去看电影，去游玩？原因很简单，因为目前我的成功是可以复制的。我只需要定期去给学员做培训即可。

为此，我们平时多注意观察成功者的经验，思考他们采取什么行动获得了成功，那就自己采取什么行动，模仿并学习他们的一切人们觉得优秀的地方。相信我，你的未来不可能没有任何改变。在此我向大家保证，无数的社会精英人士已经找到了这一条成功捷径，并且在反复使用它。

我想说完上面这些话，可能很多人就会反驳了。我明明时时处处效仿那些成功者，可仍然没有获得想象中的好成绩。这种情况非常普遍，我开始做理财的时候就曾跟着一个非常专业的人学投资。那时候他曾一个月收入 30 万。听他说股票和基金可以赚钱，我就跟着买股票和基金，开始是赚了点儿钱，可是后期市场突然变成了熊市，我却浑然不知。结果对方早早“上岸”，等我反应过来已经晚了。

这种现象让我开始思考：如果只是复制成功者的方法或者通过成功者指引的捷径能够成功，那么为什么世界上只有一个牛顿，也只有一个李嘉诚？后来我得出的结论是，尽管成功者指给我们很多的捷径，尽管成功人士做事的方法和观念可以学习借鉴，但 100%复制不可能。毕竟每个人都是独特的。

马云说过，不要无脑地复制别人的经验。就像攀爬一样，人家爬到顶端了，你看着挺好，也想爬一爬，试一试。也许你腿劲不够，也许哪天你踩的石头松了，你就会死得很惨。

知识可以通过努力学到，但对知识的领悟和运用，受个体的思维方式、人生阅历、做事格局等多个方面影响。所以，只是简单地东施效颦是没有用的。我们要根据个人的情况具体分析。我们要培养筛选信息的能力，哪些适合我们，哪些不适合；或者将别人的方法转化成适合自己的方法去实施。

我的表妹在国内一所二流音乐学院读主持专业。第一次上电台主持节目的时候，她曾尝试着模仿一位业内很有名的主持人。该主持人 30 多岁，知性大方，温婉善良，而且有一定的社会阅历，经常为遇到难题的听众排解烦恼。许多人称之为“知心姐姐”。当时表妹的想法是，这位“知心姐姐”有很好的听众基础，如果自己能集中对方的优点于一身，这便是通往成功的捷径。当时她还窃喜自己能够想出这么绝妙的主意，但结果却惨遭失败。因为她阅历浅，经验少，哪有什么本事给遭遇生活危机的成年人支招儿。

后来，表妹决定表现出真正的自我——一位二十出头的青春少女。她的性格直率单纯，语言生动活泼，而且时常自嘲几句。与此同时，她也积极向“知心姐姐”学习，平时多读书，多思考，争取言简意赅地表达观点和建议，并努力与听众进行良好的互动。就这样，表妹机智、幽默的主持风格很快就吸引了一大批年轻听众。渐渐地她也成为一名很受欢迎的广播主持，事业正当红。

我们总是讲成功是不可复制的。其实并非成功不可复制，只是我们错用了“复制”的原则。我们在学习前人的成功事迹之时，如果丢失了独立思考的精神，那么就只是在重复前人的脚步。因为不同的情境与条件，并不一定会取得相同的成功，反倒更可能成为连前人翻版都不算的失败品。

做成功者所做的事情，了解成功者的思考模式，向成功者学习已经证明有效的成功方法，这是实现成功的重要秘诀。但前提是，要记得独立思考，不依赖，不迷信前人的成功，在事实基础之上，全面和客观地分析自己的实际问题，还要结合自身的性格、风格等，真正创出一套自己的成功哲学和理论。

每个人的成功，都是独一无二的。加油!

小结：

成功人士一般具备共同的特点：拥有高度的热情、使命感和自信心，为了完成工作愿意付出任何代价；敢于对自身的行为负责，从不寻找借口，从不埋怨别人，也从不抱怨；会有比常人更多的思考，在看到某种现象或者某些问题时，通常会多想一下为什么或如何解决等。

自我认识、自我整理、自我提高

有人问我："如何才能和你一样成功？"

如果我暂且算成功的话，我的回答一定是——"认识你自己。"这是职场第一要事。

我们常说："一个人最大的敌人，不是别人，而是自己。"人最难认识的就是自己了。人的很多迷惑和苦难都因不自知。这也是事业困顿不前的重要原因。

为了很好地说明这一观点，我和大家分享一个寓言小故事。

一天早晨，一只山羊在栅栏外徘徊。它很想吃栅栏内的白菜，可是进不去。这时，它看见了自己的影子。因为太阳是斜照的，所以影子拖得很长很长。它对自己说："我如此高大，一定能吃到树上的果子。不吃这白菜又有什么关系呢？"于是，它奔向远处的一片果园。

可还没到达果园，就已是正午了。此时太阳正照在头上，山羊的影子变成了很小的一团。"唉，我这样矮小，是吃不到树上的果子的，还是回去吃白菜吧！"

山羊对自己说，接着它又开始往回奔跑。

当山羊跑到栅栏外时，太阳已经偏西了，它的影子又重新变得很长很长。“我干吗回来呢？”山羊很惊讶，“凭我这么高大的个子，吃树上的果子是一点儿也不费劲的呀！”山羊开始往果园跑去……就这样来来回回，直到黑夜来临，山羊仍然饿着肚子。

因为不能正确认识自己，最终山羊只能饿着肚子。人更是如此。人与人之间的差异很明显。每个人都有与众不同的秉性，独一无二的特点。这注定了你适合做学者或官员，工人或农民等。可惜不少人认识不到这一点，偏偏从事着与自己的天性格格不入的职业，结果陷入费力也不讨好的僵局。

在实际工作中，你是否面临过这样的困惑：同样一份工作，为什么别人做得顺风顺水，你却步履艰难、四处碰壁？在寻找这个问题的答案之前，请你先问问自己找到最佳位置了吗？最佳位置不是最好的，而是最能发挥你个人长处、体现你自我价值的工作岗位。关于这一点，我个人深有感悟。

年轻时，我曾试图做一名商人，却屡屡遭遇失败。我的第一次经商活动，是从事打字机的投资。一个朋友说自己在从事一项新型打字机的研究，将来可以挣到大笔的钱，但目前需要一笔实验经费。对于实验者的研究能力、研究方案的可行性和确切价值，我一点也不知道。但我出于对朋友的信任，还是爽快地先后拿出 10 万元进行投资。但当其他人已把新的打字机发明出来并投入市场时，我的朋友还没有将打字机发明出来，发大财的美梦成了泡影。

当我踏入写作这一领域后，在与出版商的合作中，我发现出版商居然因为发行自己的著作赚了大钱。我很不服气地想，我自己写文章自己出版发行，所有的利润不都是自己的吗？于是我信心满满地投资开了一家出版公司。但我没有任何建立和管理一家出版公司的经验，就连起码的财会知识都不懂，更别提去管理好整个出版公司了。很快，公司就因债务问题破产了，为此我深受打击。

幸好，我的导师及时开导了我一番，指出经商并不是我的长项，鼓励我将时间和精力重点放在管理和演讲上。之后，我的事业发展得很顺利，也越来越好。

当一个人缺少自知之明，找不对自己的位置时，即便再努力也是平庸的，甚至失意的。由此可见，有时你辛辛苦苦奋斗却一无所成，并不意味着你缺少成功的能力和潜力，而是缺少对自己才能的发现，缺少对自己人生价值的开发利用，不清楚自己能做什么，该做什么，以及满足哪种工作岗位的要求等。

基于以上的认知，当有人抱怨自己的付出得不到回报，抱怨老天对自己不公平时，我都会告诉他，这些都不过是借口罢了，并及时地追问一句——“你认识自己吗？”

所谓的“人贵在自知之明”，对自身的认知和定位，这是我们成就一切事业的基础。

我的大学朋友刘珊是某外贸公司的秘书。她为人随和，善解人意，对工作也是尽心尽力，但她却非常不喜欢坐办公室。在办公室超过一个小时她就如坐针毡。这一点，让她深感做秘书工作的吃力和不爽。一段时间后，身心俱惫的刘珊向我吐露自己的烦恼，并打算向老总提出辞职请求。

“这家公司是你当初经过层层面试才进来的，这样辞职不觉得可惜吗？”我问。

“可惜，”刘珊一脸的无奈，“但我已经做了5年秘书了，事业依然不瘟不火，更愁人。”

进一步了解到刘珊的工作状态后，我提议她调换一个新工作。

“我做什么好呢？”刘珊追问。

“这就需要你好好分析一下自己，比如，你喜欢什么，擅长什么，等等。”

经过一番共同的分析，刘珊觉得随着年龄的增长，想做挑战自己的工作，而且她自认口才还不错。当时，公司急需一批谈判人才，刘珊便请求老总将自己调到了销售部，开始尝试着在谈判桌上办公。刘珊思维缜密，善于分析，不久便如鱼得水，应付自如，赢得不少客人的称赞，职位和薪水均得到了提高。

所以，当工作不理想时，不要找借口，你应积极寻找有利条件，找准自己的最佳位置。如何做到这一点呢？这需要你尽可能全面、深入地收集自己的信息，评价一下你的知识储备、培训经历、个人能力以及工作经验，满足哪种工作岗位的要求……这是一种自知的能力，也是一种整理的能力。

你可以拿出一张纸，仔细思考以下问题，并将要点记录在纸上：

你喜欢的工作是什么？你希望从中获取什么？

哪些事情你最喜欢，最不喜欢？

你最擅长处理哪些问题？最不擅长处理哪些问题？

……

以上分类无好坏之分，只是为了帮你正确地认识自己的优点、天赋、潜能等，清楚自己适合做什么，并据此把注意力集中在你适合及可能的事情上。例如，如果你是擅长形象思维的人，那就从事文学艺术方面的职业和工作；如果你擅长逻辑思维，那最好选择哲学、数学等理论性较强的工作；如果你擅长具体思维，并且喜欢动手和操作，那么不妨从事机械、修理等方面的工作……

可以毫不夸张地说，定位就是事业发展的关键。因为找准了自己的定位后，你就能很好地实现个人价值，你的机遇就在那里，你的财富就在那里，你的幸运也会在那里。

小结：

认识自己时，一定要以旁观者的眼光，客观地评价自己，既不高估自己，也不贬低自己，要尽量客观、准确、全面，避免因为个人认识或个人动机出现较大的误差。同时，要有发展和长远的意识，认识自己的潜能和发展，认识自己的现状和未来，这是一个动态的、向上的过程。

自我修复：成为职场达人的奥秘

在安哥拉的沙漠中有一种植物名叫千岁兰。众所周知，由于干旱、沙石的不断磨损，狂风的蹂躏，沙漠中植物叶片的前端最容易失去水分，从而干枯。但千岁兰的叶子永远保持新绿。不知情的人以为千岁兰的叶子不老、不衰、不损伤。殊不知，千岁兰叶子基部具有很强的再生和修复能力。叶子前端在遭遇风沙的磨损后，损失的部分很快由新生部分替补。如此循环，生生不息。

那么在职场上摸爬滚打的你，有没有如此强大的修复力呢?

在这里，我之所以引入“修复力”这个概念，是为了帮助大家进一步理解“过去负面的经历”和“现在的你”之间的关系。

什么是修复力?所谓修复力，是指个体遇到困难、挫折等负面事件时的反弹能力。心理修复能力强的人，在职场遭遇困难、挫折后不会一味地消极怠工，而是能快速地进行自我调整，缓解或消除创伤性事件带来的压力和困扰，获得生理以及心理上的安全感，进而快速地恢复正常的工作。

你是否听过这样一则故事：一只小猴子的肚子被树枝划破了，流了很多血。它每见到一个猴子朋友就扒开伤口给它看：你看我的伤口好痛。每个看见它受伤的猴子都安慰它，同情它。小猴子就继续给朋友们撕开伤口给它们看，继续得到安慰，听取意见。最后，伤口感染了，小猴子死掉了。

看到这里我们都会笑猴子傻，可我们又何尝不是这只猴子呢?

S小姐失恋了，男朋友劈腿甩了她。S小姐痛恨他的无情，厌恶他的无耻，遇到每个朋友就把事情的缘由讲一遍，把渣男骂一遍，再把自己的伤心表达一遍。好好的一个姑娘，硬生生把自己活成了祥林嫂。那段时间她不平、愤懑、幽怨，经常在办公室突然大哭不止，后来甚至请了一周病假。如果一个人无法忘记前任带来的伤痛，一直活在前任的阴影里，如何重新开始新的生活？

Q先生在一家企业做人事主管。原人事经理离开后，他觉得这个职位非自己莫属。谁知公司却外聘了一位人事经理。Q先生非常失望，对工作没有了动力，懒懒散散不说，还屡次出错，结果遭到严厉地批评。他一怒之下辞了职。后来他求职不顺，才开始后悔自己的莽撞。再后来，他偶然遇到原公司的经理，对方惋惜地说："我本来对你另有安排，只是你后来的表现有些糟糕，让我改变了主意。"

无论在生活中，还是职场上，谁都难免经历恶意中伤、流言蜚语、努力得不到回报、一次又一次的失败等，轻则难过抑郁，重则怀疑人生。如果我们没有足够的修复力，没有自我愈合"伤口"的能力，不能从前一段经历中走出来，就没法吸取经验与教训，以一种全新的状态迎接新的生活。

所以，当我们面对着障碍、压力、伤害、失败等威胁时，不要一味地逃避或退缩，不要寄望从他人身上寻求慰籍与支持，而是要静静地思考分析，难过一阵子，然后自己走出来。下次再经历同样的事情时，我们就可以冷静地去分析，勇敢地去面对，微笑着找出解决方案，变得越来越坚不可摧。

我的朋友莞童是某电视台的节目主持人。一次她有幸被台里选中主持一场大型晚会。当时与她配合的男主持是业界的一位前辈"大哥"。由于她是新人，经验不足，整个主持下来竟说不上几句话，而且看起来有些紧张。结果那位前辈毫不留情地对她说："和你一起主持，太让我掉价了。随便找一个主持人出来都比你强！"

莞童之前为了这场晚会做了很多准备，却被前辈如此当众指责，她几乎泪崩。但她知道此时抱怨或哭诉没有任何用处，只会显得自己更脆弱、更无用罢了。事后，她找到自己主持的录像反复看，想知道哪个环节做得不好。为了赢得继续主持的机会，她甚至厚着脸皮，向骂自己的前辈讨教主持技巧。

几年后，莞童凭借热辣、活泼、机智的主持风格，成为业界很有实力的主持人。她的努力最终也赢得了前辈的赞赏和认可。

职场如同一场接一场的战役，需要翻越一座接一座的山峰，在修复中变得越来越强是必不可少的能力。这个修复的过程能让曾经的创伤蜕变为内蕴与修复的力量，也是一个不断探索、发现、拥抱真实甚至不完美的自我的过程。不断修复，慢慢地积蓄力量，你才能更快地康复和变得更强大。未来的路，才会更宽广。

糟糕的经历本身并不一定会影响到未来的发展。真正起到决定作用的，是你看待这些事情的角度和回应的方式。也就是说，我们能通过调整思考问题的方式，调整自身的行为，唤醒和使用自身的自愈能力，使自身发生一些积极、正面的变化。将那些创伤变成经验和教训，然后成长。

假如你最亲近的一位亲人或朋友因病过世，当时的悲痛肯定是在所难免的，如果你一味地把它看成创伤，它对你的影响就会延绵不绝；相反，如果你把它看作一个有意义的事件，比如通过这件事情提醒自己多多注意身体、重视健康、重新发现生活的意义、更加珍重家人和朋友等，那么它就不再是一个创伤。

从失落中振作起来，发现美好的一面，这是增强修复力的重要秘诀。如一位作家所说："我坚信，人应该有力量，揪着自己的头发把自己从泥地里拔起来。"

小结：

在职场里没有绝对的弱者，同情是要不来的。我们要获得尊重，完全是靠自身的努力和强大。在个人的职业发展这个问题上，没人会比你更操心；也请相信，除了你自己外，没人能帮得上你！

第七章

明确沟通目的，提高交流效率

沟通是工作中的重要一环，工作效率和质量的高低很大一部分都有赖于沟通的质量。沟通最重要的是效率，简单、明确、高效、无误地交流信息，达成信息同步，推进项目进展。不要说自己“天生木讷”“难以调教”，明确你的沟通目的，通过不断的选择、分析、调整策略，控制沟通的节奏及思路，那么你的工作将变得井然有序。

工作不沟通，功劳一场空

创造力、执行力、生产力、竞争力，这些能力是个人和企业非常注重的。之所以注重，是因为能拥有这四项能力的个人和企业非常少，而能将这四项能力巧妙结合起来的个人和企业更是凤毛麟角，并且真正能将这四项能力契合得天衣无缝的，一定是超级人才或者超级企业。这四项能力从何而来？是沟通。

在公司内部，横向，需要与大量其他部门、岗位的同事沟通；纵向，需要与上级领导、同级同事或者下属沟通；对外，则需要与海量的用户、合作伙伴或者乙方沟通……但是，由于不同的人有不同的观点，不同的公司有不同的理念，所以人们不可能顺畅地进行有效沟通。那么这些“不同”就是隔阂和矛盾的发源地。

如果大家不能理解，不妨先来看一则故事：

我的朋友蒋先生是某大学的教授。一次学校推荐他去参加一个重要的科研发布会。这次会议规模很大，届时会有不少名人出席。为此，蒋先生专门去商场买了一套高档的灰色西服。回到家，蒋先生穿着西服一边照着镜子，一边对家人说：“不错，整个人看起来很精神。只是裤腿长了一些，你们给裁短一下吧。”

蒋先生想象着明天热闹的场面，顺手将西服放在了客厅的沙发上。为了充分养足精神，他便早早地躺下睡觉了。

妻子忙完厨房里的事情之后，看婆婆出去遛弯了，自己闲来无事，便拿起西裤剪掉了一点，缝了缝，熨了熨。剪完之后，她就敷上面膜回卧室看杂志了。

蒋妈妈遛弯回来，想起儿子的西裤有些长，也拿出剪刀剪掉了一点，缝了缝，熨了熨。蒋妈妈心想：这下就好了，明天儿子穿起来就更精神了。

第二天早上，蒋先生准备穿长裤时，突然发现长裤居然变成了九分裤。

当听到蒋先生讲述这段经历时，我禁不住地笑出了声。一开始我还当笑话讲给别人听，后来从中领悟到了沟通的重要性。如果蒋先生的妻子和婆婆事先主动沟通一下，或者蒋先生明确地和其中一位说明裁裤子的想法，那么就不会发生这种妻子和婆婆都付出了劳动，结果却废了一条裤子的“事故”了。

我们每天都离不开与人沟通，沟通有效，做事情才会事半功倍。

我曾被一家企业请去指导团队协作。公司老总向我介绍了一些情况。他认为是员工没有责任心，工作懒懒散散，有了问题就相互推诿，相互抱怨，谁也不想承担责任。结果推来推去，小事变大，大事搞得没法解决了，所以请我来帮忙培训员工的团队合作意识。

我问老总：“你认为员工推卸责任的根结在哪里？”

老总肯定地回答：“员工没有协作意识，过于自私。”

我摇头说：“临行前我做过了解，你们这里的人业务能力都很强，都有独当一面的能力。而且他们的职业素养没有问题，不像你说的过于自私。当然自私的心理人人都有，只是这种心理现在被无限放大了。其中的原因在于沟通不畅，工作中员工之间缺少交流，工作不能很好地衔接，结果工作效率就很低。”

“你有过和员工的沟通吗？你有为员工建立起沟通的平台吗？”我追问。

老总有些不解地问：“沟通很重要吗？”看来，他确实没有意识到沟通的重要作用。

此后，我为这家公司的员工做了三期沟通力的培训，公司也相应地启动了内部沟通机制。

在此期间，一则事件很有代表性：王昊是这家公司的业务员。有一次他被老总安排到外面约见客户。他认为主管知道这件事，就没有和主管提前报告，结果被记了请假，月底的时候扣发了工资。王昊对此感到委屈和气愤，认为主管是故意和自己作对，于是在工作中各种不配合。主管见王昊成了部门的“刺头”，于是便有意想打磨他一下，凡是难搞的业务就推给他做，结果两人矛盾不断。这就是沟通不到位导致的工作困境。在我的劝解下王昊和主管坐在一起，一番心平气和地沟通之后，主管才知道自己当初搞错了，当即和王昊诚恳地道了歉。这下王昊也不好意思了："这件事情不怨你，是我做得不到位。我外出时没有及时向公司报备，以后我会多多注意的。"

一个是两败俱伤，一个是圆满收场，相信我们都能比较出哪种处理方式更好。

几个月后我得到消息，这家公司已经完全解决了执行力不强的问题，员工也不再互相推诿责任，互相埋怨了，生产力得到大幅度的提升。

一次成功的沟通，可以快速高效地解决工作协作问题；反之，将会是制约工作的开展。

一次成功的沟通，可以增加同事间默契的协作关系；反之，会造成同事之间矛盾加剧。

一次次成功的沟通，可以实现个人业绩的快速积累；反之，会让自己的工作毫无建树。

每个人都希望自己是最优秀的，那么请从简单的沟通做起吧。沟通是人与人之间传达感情和交流信息的过程。有效的沟通不仅能最大程度地消除误解、减少隔阂和猜疑，更是调节人际关系的润滑剂，提高工作效率的催化剂。有效的沟通既是职场社交的必要条件，也是职场人士所必需具备的职业技能。

1921年，有着美国"钢铁大王"之称的安德鲁·卡耐基付出了那个时代令人咋舌的100万美元的年薪，聘请夏布林·谢斯特为企业高管。100万美元年薪在当今社会无足轻重，但在20世纪20年代确实有如天文数字一般。因此，此消息一经传出，震惊整个欧美。究竟谢斯特有什么惊人的本事能让卡耐基付出如此惊人的年薪呢?

卡耐基在接受记者采访时说："谢斯特懂得怎么说话，值得我付出100万美金。"

在场的记者听得目瞪口呆。很多听到卡耐基如此说的人也觉得不可思议！付出疯狂的100万美元的年薪仅仅是因为"谢斯特懂得怎么说话"。

其实，卡耐基所说的“说话”不是普通意义的语言能力，而是高超的沟通技巧。卡耐基深知提高企业工作效率既靠优秀的管理机制，也依赖员工之间的紧密协作，而要实现这一点必须依靠沟通。谢斯特拥有良好的沟通能力，能使员工们团结一心，那他就是宝藏，就值得卡耐基付出天价的年薪。

在美国著名的通用电气公司，有这样一位重视与员工之间沟通的总经理。他曾经有过一项“创举”，这项“创举”就是把公司餐厅里四人用的小圆桌全部换成了长方形的大长桌。

千万别小瞧这看似平常的举动，这对员工之间进行有效的沟通起到了重要作用。原来是使用四个小圆桌时，由于地方小，在一起吃饭的通常都是员工之间相互熟悉的人，而其他人就很难融入其中。当这位总经理改用大长桌后情形就完全不同。不同部门、不同职位、不同级别的人都有机会坐在一起吃饭、闲谈。比如，销售部的职员就能结识来自其他部门的行销人员，或者是生产制造部门的工程师。他们在相互闲谈中，不仅可以交换意见，还可以获取各自需要的信息。这样，公司里的员工可以相互沟通，碰撞出“思想的火花”，使公司的经营得到改善。

看到通用电气公司这位总经理重视沟通的做法，你从中获得了哪些启迪呢？

沟通最大化，误解最小化。沟通就是相互之间达成一种理解、信任、支持。这种有效的沟通能促进产生创造的激情，有了创造激情，就会有执行的热情，进而生产力才会得到最大程度的提高，竞争力自然就形成了。当创造力、执行力、生产力都得到最佳发挥的时候，个人能量和企业能量就会得到最大的发挥。

小结：

有效沟通的第一步是知道和谁沟通，即明确沟通的对象。这就需要我们考虑，和谁沟通最有效果？与你沟通的人是谁？一个人还是几个人？他们年龄多大，性格如何？他们有怎样的知识背景，等等。只有真正地了解对方，才能采取有效的沟通方式，做到事半功倍。

准确表达，避免歧义

至今，我很欣慰地看到有些人已经知道沟通的重要性，并习惯于与人沟通，不但善于通过沟通了解别人的想法，还会运用沟通找到解决问题的有效途径。但遗憾的是，有些人掌握不了沟通的要领，经常会出现各种各样的问题，不但没有达到当初沟通的目的，还会产生新的误解。甚至有人抱怨沟通简直是骗人的东西。

为什么会发生这种现象？——没有其他理由，不了解沟通的本质是关键。沟通是什么？沟通是清楚地表达自己的想法和准确地听明白别人想表达的意思。要与他人沟通，首先该注意的就是表达的清晰度，语言表达一定要准确到位。表达不准确，说不到位，别人就会听不明白，理解不透彻，甚至产生歧义，这就是失败的沟通。

曾见过一则笑话，一个卖锤子的和一个卖鸡蛋的打赌。

卖锤子的说："用铁锤锤蛋锤不破。"

卖鸡蛋的说："锤得破！"

卖锤子的说："锤不破！"

卖鸡蛋的拿来一个鸡蛋，用锤子使劲打下去，鸡蛋破了，说："这不是破了吗？"

卖锤子的说："鸡蛋是破了，可我说的是锤不破啊！"说着他指指铁锤。

很显然，"锤不破"是语法关系不同的歧义词组。"用铁锤锤蛋锤不破"这句话，在卖锤子的看来，第二个"锤"是动词，第三个"锤"是名词，他的意思是锤鸡蛋时锤子锤不破，所以才会发生"锤得破"与"锤不破"的笑话。

一般来说，沟通时会出现三种情况：

A 的概念准确，逻辑严密，B 在头脑中完全还原了 A 的表述，沟通就成功了。

A 的概念模糊，逻辑混乱，B 在头脑中部分还原了 A 的表述，这样的沟通就有问题，或质量低。

A 的表述不清，缺乏逻辑，B 在头脑中根本没法还原 A 的表述，沟通就失败。

劳伦斯·格尔达先生是瑞士著名演讲家，已经为大学生和公众演讲了近 50 年。他在总结自己的演讲经验时，这样说："永远不要低估表达的难度，即便你要讲的只是 1+1=2 这样简单的事情，也要竭尽全力地表达清楚。"

普法战争爆发之际，著名的贵族将军毛奇告诫部下说："先生们，你们一定要记住，战争就是对命令执行的过程。命令一旦被误解，战争的走向也将被更改。所以，不要有任何侥幸心理，不要试图放松警惕，因为任何有可能导致误解的命令，最终都只能被误解。"

不要认为这是危言耸听，以为命令一级一级地传达就可以了，没有必要那么较真，难道中间会出差错吗？这需要两方面解读，准确无误的命令，无论传达多少级，也不会被误传；而一些不太准确的命令，在传达过程中，被误解的概率会非常大。就如同常玩的一种传话游戏，第一个人说了一句话，中间经过很多人口口相传，等传到最后一个人时，已经面目全非了，完全不是第一个人的意思了。

所以，沟通时一定要准确表达，决不可有丝毫的偏差。

有人会问，我也知道准确沟通的重要性，但如何做才能做到准确表达呢？

我举一个例子，如果你这样说："有些专业人士的年收入非常惊人！"这句话是否能使听者清楚明了地知道你的意图呢？答案是否定的。其实，说出这句话，你自己心里都无法确定该如何正确理解。专业人士指的是什么呢？"非常惊人"到何种地步呢？所指的相对人群是什么呢？都需要进一步说明。此外：人的社会地位和生活阅历不同，理解能力和个人能力也不同。因此，这句话会被不同的人做出不同的理解。例如：在山村种地的农民会将高收入理解为有某项专业技能的年收入两万元的技工；而城里的工人会将高收入理解为年收入几十万的外企金领；而外企金领会将高收入理解为年收入上千万的私企老总。所以，"有些专业人士的收入非常惊人"这句话是非常模糊和不确定的，很难给人一个清楚的界定方向。如果你这样说："律师这个行业的年收入非常惊人，连美国总统都无法比拟。比如：大律师塞缪尔·麦耶特和劳斯·蒂沃尼的年收入都达到了百万美元！"显然，这句话比上一句话更准确，听者能清楚地知道你所阐述的意思。

不管你以后要做什么演讲或讲话之类的，都可以按照这个思路展开去讲，一定能使你的表达更准确的。还有一点，抽象的词汇不适合用于谈话之中。我们最好用形象具体、耳熟能详的语言来表达出内心的意思，重要的是让别人能够在最短的时间内真正地理解，这样的沟通才是最高效的。

多年前，我在培训班里让学员做过一个"讲述事实"的实验。规则是：每名学员都要参加，在说的每句话中，必须有一个事实、一个专有名词、一个被形容的物体、一个数字或一个日期。实验取得了意想不到的成功，学员们从开始的描述生硬、刻板，到后来大家都逐渐放弃了艰涩难懂的词汇，全都说起了大街上的普通人都听得明白的活泼的语言。

尼亚加拉大瀑布水量惊人，每天所浪费的潜在能量也极为惊人。如果让你给听众具体讲解尼亚加拉大瀑布的损失，你会怎样说。难道仅仅说上面的一句吗？这是多么的平淡无奇。听众的头脑中什么印象也留不下。他们对你所讲述的事情根本没有概念，也不会产生任何共鸣。

来看看来自美国的有着 20 年主持经验的埃德温·洛森是如何讲述的：

"我们都知道，美国境内有几百万人因为贫困挣扎在死亡线上。然而，尼亚加拉大瀑布却在无休止地浪费着：它平均每小时要白白浪费掉 30 万个味道各异的面包；每小时有 80 万个新鲜的鸡蛋从悬崖上被抛下去，在漩涡中制成一个大大的蛋糕；它是一台 1300 米宽的超级织布机，但所织出来的巨幅印花布匹都顺着水流飘走了；我们还可以想象，每天有一家大型百货公司被它带到了湖底……"

我们看看埃德温动用了哪些图画般的词汇：30 万个味道各异的面包、80 万个新鲜鸡蛋从悬崖上被抛下去、漩涡中有个巨大的蛋糕、1300 米宽的织布机、巨幅的印花布匹、一家被卷进湖底的大型百货公司……这些词汇穿梭于每一个句子中，听众自然会想象出一副栩栩如生的画面。

此外，要想准确地表达，业余时间就要多学习，扩宽自身的词汇量和知识面。只有多积累，说话时才可以随机应变，引经据典，才能准确表达，讲得透彻。

小结：

进行沟通时，说者和听者之间难免有表达与接受信息的障碍。为了克服这种障碍，在信息传递过程中，尽量减少中间环节，用最短的时间传递。接收人接到信息后，应及时进行信息反馈。通过反馈，发送人才能了解信息是否发出，接收人对信息理解是否无误，沟通是否有效。

沟通的本质就是解决问题

沟通就是表达，将自己内心的想法运用有逻辑、有条理的语言，逐渐传递给对方。人们之所以需要沟通，往往是因为彼此观点不一致。若谈到本质，我觉得沟通的本质就是解决问题，就是“确定我们现在正在共同解决同一个问题”，而不是在“进行无意义的拉锯战”。在我看来，不解决问题的沟通毫无意义。

之前跟某个客户沟通写推广文案的事情，我方团队的项目负责人是一个很有才也很个性的人。他当即和客户表态说：“既然您当初选择了我们，一定是肯定了我们的专业。为了最大程度地保障作品的质量，也为了减少因为外行指导内行而导致工作的延时，我建议您不能随意改动我们的文案。”

客户的脸色马上变得很不好看：“啊？你们这么牛？我自己打的广告自己不能改？”

“是的，我们很专业，经验丰富，请您放心。”

“我是甲方，我是拿钱的，肯定得我做主。”

……

结果双方陷入拉锯战中，所谓的“沟通”变成了双方谈判能力的角逐大战。

这样沟通的问题在哪里呢？我方太强势？客户太苛刻吗？这些都是借口罢了，关键在于沟通双方根本没有站在一起共同解决问题。我方负责人认为：“你不能随意改我的东西，因为我专业。”他尝试去解决的问题是：“如何说服对方同意放权。”客户认为：“我花了钱，当然有权利去改。”他尝试解决的问题是：“如何说服对方同意我修改。”双方站在了对立面，解决的问题不一样，自然无法达成共识。沟而不通，则为失败的沟通。

那么该如何解决呢？我认为，沟通应该带有目的性，沟通双方都是希望能通过沟通达到自己的某种目的。如果沟通双方在沟通中能够清楚地了解对方的沟通目标，站在对方的角度，在不损害自身利益的前提下，提供对方期待得到的东西，那么即便有分歧也会通过真诚的交流实现共赢的目的。也就是说，我们把“要求”变成双方共同解决的“问题”，从而让沟通的双方站在同一起跑线上。

当我方负责人和客户陷入拉锯战时，我及时地介入了进来，并诚恳地和客户说了这样一番话：“我相信跟您的合作会非常愉快。我们的文案专业技能，再加上您对产品的了解，肯定能强强联合，做出好文案。为了让合作更顺利，我们需要商讨一下可能出现的合作问题，您觉得可以吗？”

客户的怒气未消，简单地回答道：“可以！”

“请您理解，我方负责人之所以坚持自己的观点，是因为之前我们跟其他客户的合作中，曾经遇到过这样一些问题。”我进一步解释道，“比如，去年我们曾负责推广一款即将推向市场的老人健康智能手表。我们的文案本来简单明了：‘智能贴身保姆，关心分分秒秒。’但在客户的再三修改之后变成了：‘让健康永远相伴。’消费者看了之后根本不知道这是什么产品，从而导致宣传效果下降。”

客户的态度稍微缓和了下来，我接着说道："为什么会出现这种现象？这是因为面对文案问题，很多客户会外行指导内行。合作从来都是一种共赢，您的目标是以最好的形式将产品推广出去，我们也是希望如此。所以，请您相信我们，当然我事先会多多咨询您这边的建议，也希望您能够积极配合。"

"好啊，这样解决就好多了。我相信合作会更加顺畅。"客户似乎松了一口气，继而笑了起来，"但是其实，我们还可以一起规避这个问题……"

为什么我能说服客户？在这里我并没有强调"证明我是对的"，而是首先承认问题，共同看看如何解决。原本双方可能出现的对立关系，变成了"共同解决问题"的关系。通过这样的沟通，双方就相当于共同解决一个问题：如何有效地降低合作风险。客户自然愿意配合，从而提高了交流效率。

我们之所以要沟通，就是因为要在两种不同的观点中找到契合点。也就是说，双方带着各自的想法坐到了一起，如果开口都是先强调己方的理由，沟通是没有希望的。比如：你在沟通的一开始就说："现在，我要证明我的观点是正确的。"作为听者会怎样想？你在挑衅人家吗？那好，人家的心里会说："咱们走着瞧！想让我同意你的观点，没门！"沟通从一开始就走进了死胡同，又如何谈达成协议！

所以，当遇到任何沟通难题的时候，不要以此为借口和对方对着干，更不要干脆放弃沟通，而应该先从"问问题"开始，而不是从"提出自己的要求"开始。不要轻易反驳别人的观点，要在自己完全了解及认知的基础上，站在对方的立场来考虑问题，多考虑对方的感受，多包容和理解对方，让对方认识到你们现在需要共同解决问题。这对沟通目标的达成会起到事半功倍的效果。

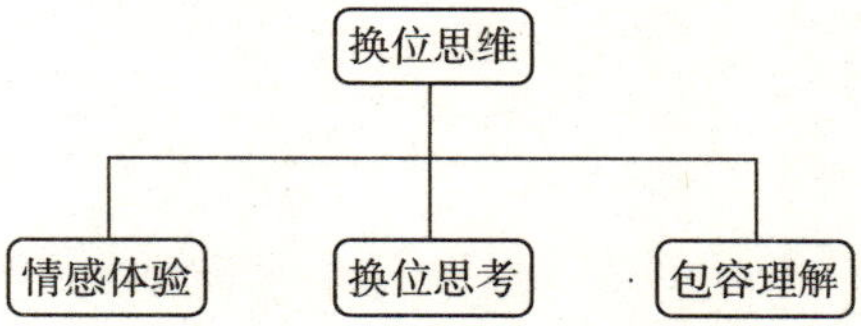

图 7.1　换位思维三要素

比如，当看到个别员工绩效下降，没有斗志的时候，有些领导可能会说："你最近怎么搞的？你要打起精神来好好做，别想着在公司混吃混喝！"这是把对方放在了自己的对立面，并没有共同解决问题。此时我会本着"共同解决问题"的目的，和员工这样说："公司是你创造价值的平台，也是你养家糊口的方式，但是我最近发现你的工作状态不太好，这可能会对你的职业生涯不利。你最近是遇到什么解决不了的事情了吗？要不我们一起分析一下，看看原因是什么？"这样，就相当于你在帮助别人共同解决问题，而不是在命令、指挥和说服，相信对方也会给予正面的回馈。

沟通的核心是我提出，你了解，多次反复，最后达成一致，并形成行动力。尤其在公司，各个部门之间的工作需要合作，共同解决问题，沟通的过程中不能一味地只顾自己的利益或立场，而要多从对方的角度思考问题。遇到分歧时，既要有原则和底线，也要有妥协和包容，懂得求同存异，以双方利益为基础。

如果你能做到这一点，你就向成功沟通迈进了一大步。

小结：

在与他人沟通时，你要记住这样的事实：在各种争议当中，无论有多大的分歧、有多么尖锐的冲突，沟通双方总会有产生共鸣的地方。例如，沟通前提一些你和对方都认可的事实，再用一个恰当的例子，用于缓和气氛和巩固观点，对方的抵触心理会迅速降低，也愿意听你说下去。

杜绝铺平垫稳，直击重点

在文章开始之前，我先和大家分享这样一则笑话：

“啰唆先生”出差在外数月，终于可以在下个月回家了，于是写信告知家人。信中洋洋洒洒上万字，开遍写道：“我将于下个月回家，不是 1 号就是 2 号，不是 2 号就是 3 号，不是 3 号就是 4 号，不是 4 号就是 5 号……不是 28 号就是 29 号，不是 29 号就是 30 号。为什么不写 31 号呢？因为下个月是小月……”

“啰唆先生”的妻子“话痨女士”收到信后，用了好一会儿才看完，然后提起笔给丈夫写回信，内容：“已收到你的来信，你说下月回家，不是 1 号就是 2 号，不是 2 号就是 3 号，不是 3 号就是 4 号，不是 4 号就是 5 号……不是 28 号就是 29 号，不是 29 号就是 30 号。为什么不写 31 号呢？因为下个月是小月……要保重身体……”

如果你收到家人这样的信，你的第一感觉是什么？一定抓狂了。

与人沟通不是简单地说话，是需要提前做功课的。我认为最关键的一点是，要将你的要点阐述清楚。如果你只顾着夸夸其谈，重点的事情都没有说，甚至与主题毫无关系。哪怕气氛再融洽，话题再有趣，这样的沟通也无法与有效搭上边。虽然你为此费了九牛二虎之力，但也不会有人认为你是一个合格的沟通者。

俗话说：“蛤蟆从晚叫到天亮，引起人们反感；公鸡清晨只啼一声，人们就起身干活。”有效沟通必须紧跟主题，话贵在精，多说无益。

在沟通过程中，谈话者对自己要讲的主题心知肚明，但对方并不清楚，并且是短时间内让对方接受一种新的理念，再加上对方还要时刻考虑与谈话者的利益关系，在分心的情况下，更加无法判断说话者要阐明的“要点”。这就需要谈话者将自己传达的信息用容易记住的短语或句子表达出来。如果每个人都能做到这一点，相信我们每个星期都能节省很多时间。这不是简化你的谈话，而只是将你的想法进行提炼和说明，使之成为一个简单的关键要点，以便表达时简明扼要。

有些人话很多，却让人记不住，甚至让人反感。有些人话很少，却掷地有声，给人以力量。话多者，有量没有质，都是废话；话少者，言简意赅，句句精华。如果让你选，你愿意听谁说话呢？毫无疑问，会选精华。精华就是沟通时在关键时刻说出的关键话，每个字都能做到掷地有声。

1948 年，牛津大学举办“成功秘诀”讲座，邀请名满天下的丘吉尔来演讲。这是轰动性新闻，几个月前各大媒体就开始炒作，各界人士也翘首关注。牛津大学还设立了演讲日倒计时，可见人们的心情有多么迫切。演讲日终于到来了，会场上人山人海。仅全世界各大新闻台的记者就来了几百人。人们准备洗耳恭听这位出色的大政治家、外交家、诺贝尔文学奖获得者的成功秘诀。

站在讲台上，丘吉尔用手势止住如雷的掌声，缓缓说道：“我的成功秘诀只有三个：第一，决不放弃；第二，决不、决不放弃；第三，决不、决不、决不放弃！我的演讲结束了，谢谢！”说完，丘吉尔走下讲台。

台下的人们沉默了足足有一分钟，忽然雷鸣般的掌声响起来了，经久不息。这就是人们想要的答案，做任何事情，只要不放弃，终会有成功的那一天。如此道理，何须长篇累言呢!

说话啰唆的人，一定是条理不清晰，语言前后搭配不得当，才会来回重复引用，希望能阐述清楚自己的观点。谁愿意和一个思路不清晰的人打交道呢？肯定没人愿意，那么为了增加自己与他人沟通时的魅力，就必须果断地摘除自己的“啰唆”头衔。将自己的意思浓缩成言简意赅的几句话，这才是高超的沟通智慧。

在任管理层期间，你可知我最反感的是什么吗？是下属每天送到办公桌上的冗长而复杂的文件。并不复杂的事情却用了最复杂、最无趣、最啰唆的语言来陈述，这简直就是在浪费生命。所以，当我制订出公司发展计划，并需要向所有人宣布时，我都会提前列一个讲话大纲，并将要点清晰地列出来。

步骤一，一句话表达要传达的信息：

我们今年的目标业绩是突破 500 万；

我希望在座的各位在未来五年内能够胜任高级管理职位；

步骤二，为了取得这一结果，你们需要知道：

我们需要对市场进行更严格的控制和跟进；

在接下来的 30 天里，你们需要通过不断的学习提高自己；

步骤三，为什么你们应当在乎？

当员工为公司的发展竭尽全力，你们的薪水和待遇都将得到明显改善；

如果我们不培养下一代领导人，整个公司的稳定性将会破坏；

简明扼要的语言是认知能力和思维能力的高超表现，时刻体现出说话者分析问题的快捷与深刻。这需要我们在大脑中尚未形成完整的逻辑链条时，嘴巴不能急于开始表达。因为这时的思维链条并不完整，着急说话的结果不是说错就是卡壳，这两种情景的任何一种都会严重影响沟通的效果，甚至会直接中断沟通。

所以，沟通时试着让自己的表达比大脑慢半拍，给大脑留下一个缓冲的余地。要先在大脑中过滤一遍你想表达的事情。当然并不是要把所有的话都“预听”一遍，而是把“主干”理清楚，感觉基本框架没有问题再开口表达。在表达的过程中可以为“主干”添加枝丫，做到出口千言而不离中心。

小结：

在沟通中，对于自己的重要观点应一再地重申，这样能使听众更清晰透彻地理解你的意图。当然这种重申是需要技巧的，决不能一句话翻来覆去地说或一个词汇无穷尽地使用，而是要不断地更新词汇，变换不同的讲解方式将要点传达出来。这样对方不仅能记住你的观点，还不会嫌你啰嗦。

把握沟通时机事半功倍

杰克·韦尔奇说过：管理就是沟通，沟通，再沟通，可见沟通的重要性。尽管掌握了种种沟通技巧，但不少人依然会遭遇沟通难题，抱怨沟通是一项非常困难的事情。的确，在沟通时如何拿捏得当，把话说得到位、说得得体、说得出色是相当不容易，否则人人都是沟通高手、管理大师了。

那么沟通时如何拿捏得当呢？时机是很重要的一个因素。

印象最深刻的是我在做销售工作的时候，经常一上班就开始给客户打电话，被拒绝、被挂电话是常有的事情。一天，我上午明明打过电话给客户，对方说是不需要。下午同事再打过去，结果该客户居然下单了。后来同事跟我说："上午你打电话给客户时，他就有兴趣的。只是他刚上班，需要处理很多事情，那会没时间。"就因为选择打电话的时间不对，我错过了销售的好时机。

现在，我每个月最忙的时间就是月末和月初，因为要总结和分析团队绩效考核的情况。有一次我正因绩效划分忙得焦头烂额，一名员工却来找我谈心。我的时间和精力当时都十分有限，而他所谈的内容与我正在处理的问题风马牛不相及，所以当他讲了 10 分钟左右还不见消停时，我干脆无情地打断了他："很抱歉，我现在非常忙碌，根本听不进去你的话。明天我们约个时间再好好谈谈吧。"

这些经历让我明白，沟通是一种目的性极强的对话。要找准时机，你要在别人有空而且听得进你想说的话的情况下，才能达到有效沟通。其实认真想一想，不光是公司内部的沟通需要思考这些，一般情况下人跟人之间的沟通也是有必要考虑的。比如，当你要沟通的对象心情很差或状态不好时，肯定是不适合跟他沟通的。

由于所处的场合、气氛、双方的情绪会影响沟通的效果，所以当出现沟而不畅的状况时，不要抱怨沟通没有用，更不要以此为借口放弃沟通等，而要学会选择合适的沟通时机。所谓合适的沟通时机，主要是指已经具备沟通的客观环境条件，并且双方都愿意进行沟通的时候。很多事实证明，选择合适的时机进行沟通，能达到有效沟通的可能性要远远大于不合适的沟通时间。

说到这里，你一定会问：如何选择合适的沟通时机呢？请不用着急，把握以下三个关键就可以。

选择沟通的时间

每个人在时间上都有自己的安排，不要奢望别人随时都有时间并且愿意和你沟通。如果你一厢情愿地找人沟通，很可能会遭到无情地拒绝："我现在哪有心情谈这些，请你马上离开……""现在正是我们工作最忙的时候，请你不要打扰我好吗……"这就非常尴尬了。良好的沟通需要较为合适的时间安排，因此首先要对别人大致的时间安排进行充分的了解，这样才可以有效避免以上情况的发生。

根据我的观察，一般人上午 10 点或下午 4 点左右的工作会相对轻松些，心情都会不错：因为大多数公司的上班时间都在早晨八九点，10 点左右刚好完成了一些工作，不太忙，到 11 点心情的曲线可能会下跌。而下午 4 点的时候，因为接近下班时间，人的心情也会比较放松，这时最适合沟通。

虽然上述有关时间安排有一定的规律可循，但仍会有很多规律之外的事情发生。比如，一些突发事件的出现等。为此，沟通前最好再礼貌地问一句："请问您现在说话方便吗？"这样，如果对方在忙碌或者开会，再或者正有更重要的事，他会告诉你这些情况，不会让大家继续一个不合时宜的尴尬沟通情形。

比如，我前面提到的两个亲身经历的例子，如果当初适当地留心就可以避免。具体做法如下：

多注意察言观色

孔子说："不察颜观色而说话，这叫瞎子。"

很多人沟通时不观察对方，反正高兴说什么就说什么，完全不去理会别人的感受。如此漠视别人存在的说话方式，不仅容易得罪人，而且也无法发挥言语上的影响力。因此说话时一定要多观察对方，在未明白别人的意图时绝不随便说话。而且在谈话时尽量不涉及别人的避讳。当知道他人的意图时也要措辞恰当。从对方的言谈举止等细节上慢慢揣测，只有适时察言观色，分寸拿捏得好，才能让你的言语受到尊重，沟通才能顺利进行。

一次，一个客户来公司售后部投诉，说道："你看，你们这么好的公司，全球知名企业，结果呢？产品买回去才几天时间就坏了，不可能吧。"当时负责售后工作的是一个新来的姑娘。她一听客户的话赶忙回道："我们的产品质量不可能不好！……"结果客户大发雷霆，直言要找老板理论，否则就向消费者协会投诉。

后来，我给客户的回应是："实在对不起，可能当时我们确实没有做对，让您产生了这样的感觉。这样，您把产品送过来，我看看哪里出了问题。"我之所以这样处理，是因为客户的话听起来是批评，但表达出来的情绪是一种失望："我是信任你们的产品质量的。现在我有些吃惊了，它居然坏了，究竟怎么回事？"他希望得到的是解释，是配合以及及时的处理。这是一个内心的深层次的需求。

接下来，该客户终于能心平气和地和我交流了，最终问题得到了合理解决。

说话懂得看场合

很多人说话不注重场合，总是随心所欲，心里想什么就说什么，结果只能是得罪人。在与他人沟通时，口不能随便乱开，话不能随便乱说。面对不同的人，针对不同的事，话的轻重缓急、隐喻藏露都是有讲究的。俗话说，“到什么山上唱什么歌”，就是告诫我们要根据不同的环境说不同的话。

英国维多利亚女王和丈夫阿尔伯特亲王感情非常好。有一段时间女王非常忙碌，几乎每天都到凌晨才能忙完公事。一天，她拖着疲惫的身体回到卧房，看到房门紧闭，只好敲门。

里面传来阿尔伯特亲王的声音：“谁呀？”

女王大声回答：“我是女王。”门未开，再敲。

问：“谁？”

答：“维多利亚。”门未开，再敲。

问：“谁？”

答：“你的妻子。”门开了。

有些话只能在某些特定的场合说，不能随便乱说。维多利亚女王在世界史上拥有一席之地，一手缔造了“日不落帝国”。在前庭面对大臣时，她是至高无上的女王，就要有威严，要为全国民众负责；而她离开前庭，回到家中，她只是阿尔伯特亲王的妻子，就不能再以女王的气势同丈夫说话。

在与他人沟通时，不仅要注意场合，还要认清自己在不同场合里的身份，才能避免说话有失分寸。例如，在工作场合，你若是领导就应该有领导的威严，你若是下属就要有下属的干练。如果你当上了领导后，和人沟通时，还是一副随随便便的样子，那样你的威信将大大降低，也较难得到下属的尊重。

小结：

当别人出现不适、郁闷、愤怒等情绪的时候，很可能会终止本次沟通。如果你认为有必要继续沟通，就要先学会如何安慰和开导别人，待对方心态平复后，再进行交流最为妥当，往往也能达到目的。

汇报做好是献宝，汇报不好是现眼

在职场上，有一件事任何人都逃避不了，那就是向领导汇报工作。

《哈佛学不到》的作者马克·麦考梅克曾说：“谁经常向我汇报工作，谁就在努力工作。相反，谁不经常汇报工作，谁就没有努力工作。”

向领导汇报工作真有这么重要吗？以前我也不懂，后来才深有体会。以前在一家公司工作时，我每天累得像头驴，不断地提升自己，但是领导还不满意，经常是各种挑刺。而另一位同事的工作能力不是最突出的，但很懂得如何向领导汇报自己的工作，最后升职幅度远超我们这些会做却嘴笨的人。所谓“会做不会说，累死也白搭”，这句话最直白地告诉我们向领导汇报工作的重要性。

后来随着职位的不断提升，坐上领导的位置之后，我才体会到任何一个领导都希望自己安排的工作，下属能够及时地完成，并汇报给自己。坦白说，很多事情因为我是决策者，所以我肯定需要知道进度。比如，A 的工作进行到了什么程度，接下来要注意什么；B 的工作最近不是很饱和，需不需要给他一些新工作；C 的工作反复修改了多次，究竟是个人能力不足，还是内部配合不好。这些问题如果员工不及时汇报、不沟通、不请示的话，我既无从知晓，也无从下手。

企业的工作有很多链条和环节，任何一个细节的变动都有可能牵一发而动全身，领导的职责就是掌控大局。也就是说，领导需要随时掌握情势，根据这个情势进行判断，做出决策和调整，而员工的工作就是领导赖以做出决策的情势。所以，汇报做好了就是“献宝”，善于汇报才能做好工作。

有些人很重视跟领导的汇报工作，但却对实际工作没有明显益处。请注意，这不是你不重视或放弃汇报工作的借口，只是你没有掌握汇报的技巧罢了。我自己独立带部门有好几年了，各种各样的下属见了不少。这些年我发现很多人，包括之前的我，在向领导汇报工作的时候常常会犯一些错误。例如，认为自己汇报的工作很重要，拼命地想凸显自己工作的卖力程度；由于自己视野的局限性，对上司的工作不了解，想当然地认为自己的汇报对于上司很重要；汇报工作时没有主次，逻辑很差，论据无法支撑观点。

那么，我们究竟该如何做好汇报工作呢？因为工作的关系，我有很多机会参与董事长和其他项目总经理的会议，我的很多汇报经验都是在那个时候学会的。现在我就把这些做一个小小的总结。

先说结果，再说问题

当向领导汇报工作的时候，首先要清晰明确地说清结果，然后再展开论述分析。

领导：“说说你这个月工作开展的情况？”

甲：“这个月我拜访了7个客户，他们的意见分别是……我和3个供应商沟通过，他们的意见分别是……我还和2位同行交流过，他们的意见分别是……”

乙：“这个月我以拜访工作为主，分别与客户、供应商、同行进行了沟通，事后我总结了一下他们的意见，分别是……”

毫无疑问，乙的回答更清晰，更职业。

很多人汇报喜欢直接列项，“我上个月做了1、2、3、4、5”，比如甲……这种方式看起来很有条理，但是时间久了很容易让人有疲倦感，并且让人觉得凌乱而没有头绪，甚至需要领导根据具体的叙述去判断。而乙一开始就清晰地表述自己的观点，领导就清楚地了解到他的立场和想法，再往下听乙的论证就不会产生歧义。而且，在乙的论证过程中，领导只需要判断乙所论述的合理性即可。

别光说干了什么，要说干的程度

在职场，苦劳不等于功劳。如果没有功劳，苦劳越大，浪费和消耗越多，领导就对你越反感。所以，汇报工作不要只会列项，要把你的完成情况、进度、所用的时间以及所产生的效果都用简明扼要的方式进行陈述。最好带上时间、数量这些关键词，这是领导衡量你的工作效率最好的凭证。

比如，有一位员工向我汇报工作时说："我上个月写了文案。"这种泛泛的汇报只是一个事项的陈述。作为领导我更希望了解的是你具体写了几则文案？通过上级的审核了么？客户反响如何？别光说你干了什么，要重点说你干的程度。如果该员工换一种汇报方式——"我上个月完成了三则文案工作，其中两则文案已经获得上司和客户的认可，目前已经在客户公司内网以及两家门户网站发布，其中一则文案上线三天，关注人数已经突破一千人次。"我相信，我会第一时间内把握其工作要点。

不要把"好像""大概""差不多"之类的话放在嘴边。这样含混不清的闪烁之词只会向领导暴露你的不专业、不严谨，令你的职业形象大打折扣。尽可能地使用具体、准确的数字，这样做能增强你语言的诉说力。

带着解决方案汇报

为什么有些人嘴里的"汇报"反而成为领导眼里的"添乱"？这是因为有些人不管大事小事都要请示领导，而且只提问题不提方案，习惯问："您认为这个问题应该怎么办？"这实际上是把"上下关系"颠倒过来了，不是领导在给下属安排工作，而是下属在给领导安排工作。你自己轻松了，却让领导忙活了。

领导要我们做什么？是希望我们能够解决存在的问题，而不是仅仅把问题罗列出来，去为难领导，所以应该把"您告诉我该怎么做"换做"我这样做您同意吗”。

我的经验是就某一项工作先行请示尔后行动的时候，我们要以自己对公司的了解，以及对目前情况的分析，以自己的能力之所及，考虑怎样处理这个问题最好，最好要准备三个解决方案：最可行的方案，最大胆的方案和最可能失败的方案。当领导征求你的意见时，你要能够对每个方案进行利弊分析，以及可能会出现的结果，并指出哪个方案是优先考虑的。让领导一目了然，对你自然用得放心。

带好纸笔再汇报

“带好纸笔再进领导办公室”，这是我最刻骨铭心的职场体验。

领导的时间都是非常宝贵的，所以在汇报前你要知道上级的工作内容，了解自己的汇报工作是否与上司的工作目标一致，提前准备好你的汇报内容，找出关键和要害，在纸上做出简单的标记，以帮助自己捋清思路。如果有必要的话，最好是提前写一份汇报书，将汇报的内容整理成书面文件，把你的策略或主题缩减得言简意赅，在汇报时呈给领导，让他可以参阅思考。

工作完成后第一时间将情况报告给自己的领导，工作结束后要把整个活动的整体情况向领导做个汇报。如果汇报效果不理想，你得先考虑你的汇报是否得当，然后再用更好的方式重新汇报。平时坚持积极的上下级的沟通，有利于工作秩序的稳定，也一定会为自己带来升职加薪的好运。

小结：

工作汇报应逐级进行，一般不提倡越级汇报。因为任何组织都是呈“金字塔”结构的，明确规定上级是谁，下级是谁，对谁负责。越级汇报意味着现在领导的沟通和管理失效，代表着直接领导对这件事失去掌控力，从而会激化内部矛盾，最后导致部门管理混乱，所以必须慎思慎行。

话不投机半句多？那是你不会沟通

与领导同事开会沟通，结结巴巴，一脑袋的想法说不出；跨部门合作时，不想说话，半句嫌多；偶然遇到同事，尴尬地不知说什么才好……职场沟通如此重要，以至于不擅长社交、性格内向的人总是背负着巨大压力："不爱说话真的有错吗？""我是不是需要转变自己的性格以更好地适应职场？"

其实，完全没有必要找这些借口敷衍自己。你为什么不会沟通？这与个人的性格有一定关系，但最关键的是"话不投机半句多"。例如，一个天文学家对一个生物学家大讲天文知识，即便天文学家用尽心力，生物学家也不可能听懂；再比如，一位博士去跟一个小学文化的人大谈人生哲学，这两个人有可能达成有效的沟通吗？

沟通的目的是要和对方产生共鸣，如果你和别人无法达成思想碰撞，又何谈沟通。不能产生共鸣的对话，就像对牛弹琴，说话的双方毫无情绪可言；能产生共鸣的对话如同琴瑟合鸣，沟通的双方都会感觉非常美妙。

先举个失败的例子：

一个年轻的业务员前往拜访客户。客户说："我要去打保龄球。"

业务员说："不好意思，我不会。"

这是一种最差的沟通方式，是以最愚蠢的方式直接中断了与对方的连接。这样的沟通方式是不可能营造出令对方畅所欲言的聊天氛围的。最重要的原因是双方都找不到共同点，对方发招了，你却不接招，而是直接封杀了。那接下来的事情就是对话立即结束，以后也很难再建立联系了。

接下来是较好一些的例子：

客户说：“我要去打保龄球。”

业务员说：“我不会打保龄球，但我喜欢品茶。”

客户说：“哦。”

业务员说：“希望以后能和您探讨茶道。”

这种沟通方式比前一种好了一些，最起码没有直接回绝对方的提议，而是通过“运动战”的方式来寻找彼此的共同点，至少有让话题继续下去的机会，但仍然没有办法产生共鸣。因为对方有很大可能不懂品茶，那样还如何进行深层次的交往呢？

最后是成功的例子：

客户说：“我要去打保龄球。”

业务员说：“真是很好的习惯，您经常户外运动吗？”

客户说：“一般都会安排的，强身健体嘛！”

业务员说：“除了保龄球，您还喜欢什么运动？”

客户说：“下个周末还安排了钓鱼。”

业务员说：“是吗？我也喜欢钓鱼，那么下周我们一起去钓鱼吧？”

客户说：“好啊！欢迎你。”

一问一答之间，业务员不仅轻松地回避了自己不会打保龄球的尴尬，还让双方建立起了良好的沟通基础。

一个人对于沟通的对象也是有所选择的。如果两个人有共同的话题，沟通会很融洽且很愉悦，本次沟通的舒畅还会为下次沟通奠定良好的基础。同样，如果对方与他人沟通相当愉快，但到了你这里就没话说，不舒服，最明显的表现就是对你爱搭不理，这就可以说明你的沟通方式是有问题的。

那么如何改善这种沟通的尴尬局面呢？

寻找共同的话题

话题，即沟通交流的一个手段。沟通高手都善于找话题，并且制造话题。他们也知道怎样拉近自己与对方的距离，这样才不会让沟通冷场。关注周围发生的、大家比较关注的新闻或事情，是一个很好的选择，比如天气、交通、房价等。但是话题的积累需要不断的学习和总结，平时我们要多看电视、报纸、杂志、图书，把听到看到想到的趣事、要事、重要观念、好句子等记下来或剪贴下来，要思考那些观点和概念，有了一个深度思考的过程，谈起来就得心应手了。

为了避免不愉快的场面出现，沟通中最好不要涉及宗教、种族、家庭、经济、恐怖势力、对他人的批评等方面的话题。

多尝试投其所好

在沟通中，如果对方明显地反映出对你的话题参与不多，言语不多，甚至漠不关心，他可能不是对你本人有意见，而只是对你的话题不感兴趣。

每个人都有自己的兴趣爱好，即使一个人再怎么沉默寡言，谈起自己的兴趣爱好也会有很多想说的，而你要做的只是抛砖引玉，并且建立两个人之间的共同点。这样你会发现你们之间的话题会不断增多。请注意，投其所好不仅要投，还要投得准、投得妙。这需要我们在平时多观察、多留心。

我在汽车销售公司实习时，在一次汽车展销会上结识了一位五十多岁的中年男子。当时这位客户对我们的一款越野型汽车十分感兴趣，而且根据他高档的着装、成熟的气质等，我断定这绝对是一个优质客户。但当我走上前做详细介绍时，对方的态度却很冷淡，也不做任何的表态。我将这款车型的宣传页交给了中年男子，并告之我的具体联系方式，可是他一直没给我任何回复。后来我两次试着打电话联系这位客户，邀请对方前来车行看车，对方都推脱说工作很忙。

后来，我改变了自己的做法。经过多方打听，我得知这位客户品味很高雅，尤其酷爱打高尔夫球。于是，我上网查找了大量有关高尔夫球的资料。一个星期之后我掌握了一些打高尔夫球的基本功，还对周边地区所有的高尔夫球场有了全面的了解。再一次给该客户打电话时，我只字不提销售汽车的事情，只是告诉客户，自己无意中发现了一家设施特别齐全、环境十分优雅的高尔夫球场，并诚恳地邀请对方周末一起打高尔夫球。当然，这次客户没有拒绝我，而是高兴地接受了邀请。

周末，我很顺利地在那家高尔夫球场见到了这位客户。我们一边打高尔夫球，一边聊天。我对高尔夫知识的了解让那位客户迅速刮目相看，大叹自己“找到了知音”。在返回市里的路上，客户主动表示自己喜欢驾驶装饰豪华的越野汽车。这时我很自然地回答道：“我们公司正好刚刚上市一款豪华越野汽车，上次您在车展也看到了，这是目前市场上最有个性和最能体现品位的汽车……”

就这样，一场开端良好的销售沟通开始了。

我费尽心机想做成的一笔买卖，最后通过对方感兴趣的东西才获得成功。可见，与人沟通时，投其所好能让对方愿意听，乐意说，或者一下子就征服对方，对你产生特别的好感，这样就能迅速地形成融洽、热烈的交谈局面，让双方谈得很投机，很倾心，最终也就能顺利地达到沟通、交流的目的。

要特别注意一点，对别人投其所好时，你最好也对这种事物、话题等同样感兴趣。这样的互动才是和谐、自然的。如果只有对方对某种事物、话题感兴趣，而你却表现得兴味索然，或者内心排斥却故意表现出喜欢的样子，那对方的谈话热情和积极性马上就会被冷却，也就无法实现沟通目标。

要主动转移话题

在沟通中，由于话题的不定性，而且有可能从一个话题又转入另一个话题，谁也不会想到，谈着谈着，就与当时的气氛格格不入，这时你就需要及时“转弯”。话不投机的情况有的是由他人造成的，有的是自己造成的，但无论起因于谁，你都应该主动转移话题，使自己快速地从尴尬中摆脱出来。

在这里，列举下我和王总之间的一段对话：

“王总，最近我一直在关注员工的心理健康，想向您请教一下。”

王总似乎有些惊讶：“请教我？我可不懂心理。”

我笑着解释说：“听说您的夫人是心理专家，您平时耳濡目染，一定颇有心得。”

王总为难地沉默了片刻，说：“那是我以前的爱人，前不久离婚了。”

“哦？对不起，王总……”我连忙致歉，场面一度有些尴尬。

我有些不安地喝了口水，然后开始转移话题：“王总，您的书什么时候出版？快了吧……”

沟通内容结束或枯竭、谈话出现冷场、交谈难以持续、有人失言或出现意外的尴尬局面时，可以不失时机地转换话题，特别是提出对方很愿意谈的话题，就会使谈话很快恢复正常，使气氛活跃起来。恰当的话题转换不同于交谈中的“乱打岔”，而是一种积极交流的技巧，能给双方带来心灵的默契和精神的愉悦。

小结：

在没有共同话题或不了解对方的情况下，附和可以在极大程度上避免冷场的尴尬。所谓附和不是完全、简单地同意对方的话，而是顺着对方的话题和思路说。不管对方说出怎样的话，对方说观点，你就给事实；对方说事实，你就提供观点，进而创造同感和共鸣，拉近双方距离。

第八章

与其强调环境不利，不如深挖自身潜力

有很多人做事不顺时便会找借口，不外乎天时地利人和等客观条件，却总不从主观方面去找原因。这是最要不得的，因为真正决定一个人成就的不是天分，也不是运气，而是严格的自律和高强度的付出。与其强调环境不利，不如深挖自身潜力，这比什么都管用！人的潜能无限。当你说太晚的时候，你一定要谨慎，它可能正是你退却的借口。

环境越不利，越要激发潜力

环境创造命运，成功的环境可以创造成功的人生，不好的环境会导致失败的人生。

每个人都期待事业的顺利发达，可并不是所有人都能拥有这样的好运，有时我们会遇到种种不如意，此时有人总会将责任推给外界环境，苛求客观因素的不尽人意。但我认为，好的环境对一个人的成长很重要，但坏的环境也并不一定能让人注定失败。若想成功，合适的环境与个人的努力缺一不可。

我的一个外甥就读于当地一所重点高中，由于中考发挥不好，被分到了普通班。外甥对此始终心怀怨念，羡慕实验班的老师们多么优秀，同学们多么好学，上自习的时候多么安静，考试成绩多么好。反观自己所在的班，配了一套末流的教师班子，同学们太捣乱，上自习课时总是叽叽喳喳，考试成绩多么差。

当得知这一情况时，我只问了外甥一个问题："既然你的同学都很差，那你有没有考到你们班第一名？如果没有，请你闭嘴，因为你根本没有抱怨环境的资格。"

我们总是把自己的失败归结于环境，殊不知你甚至都没在这个环境里做到最好。当我们在抱怨环境的时候，我们有没有想过自己为这个环境做了什么？

据我观察，面对一些不如意的环境的人大有人在。往往干不好工作还找各种借口抱怨环境的人，会陷入当下的困境无法自拔，逐渐也就失去了勇气和斗志，最终使事业遭遇危机。而有些人则会用尽全力扭转局面。之所以这样做，是因为他们知道与其找借口抱怨环境，不如改变自己，让环境因自己而改变。

黄姗大学毕业后通过地方自行组织的考试进入市食品局做账务工作，属于基层员工。办公室里都是上了年纪的大妈，每天谈论的话题无非是谁家的孩子要了二胎，菜市场哪家的蔬菜最新鲜，楼上财务部的某个阿姨在上个月离婚了。她经常需要出去检查商贩的食品卫生情况，很多时候都得罚款催款。她生性比较腼腆，整天跟那些商贩打交道，实在很累、很烦。更可悲的是，她有一年的实习期，这段时间虽然干着和正式员工同样的工作，甚至更辛苦，薪酬却只有正式员工的一半。于是她经常抱怨自己干得多、挣得少，常说再这样下去就辞职不干了之类的话。

有一段时间，黄姗陷入了倦怠期，什么工作都不想干，干什么都无趣。幸好黄珊及时意识到，这种整天消极怠工、没有成就感的过法不是自己想要的。与其抱怨环境，不如改变自己。她说，她一定要改变自己的处境！于是，她决定先做好眼前的工作，调整好自己的心态，在烦躁的工作中寻找意义。比如，那些同事虽然整日无所事事，但传授给她很多生活经验，给苦累的工作带来乐趣；那些商贩的用词用句有时虽然粗鄙，但很有道理，也让自己更深刻地了解了底层群众的生活状态……接下来，黄姗开始积极尝试着融入自己的工作。她的工作态度变得平和起来，业余时间也会努力学习与人沟通的方法。渐渐地，不仅大妈们都纷纷喜欢上她，就连那些商贩也愿意配合她的工作了。

由于表现出色，黄姗渐渐得到了领导的赏识，半年后就转为正式员工，并得到了重用，工资翻倍，前途一片光明。

关键在人，而非环境，再差的环境里都有优秀的人。处于什么样的环境并不重要，重要的是你的选择：是选择软弱地屈服于环境，将改变境遇的希望寄托在改换环境方面；还是豁达乐观地面对不如意，对它做出积极乐观的反应，用毅力去改变自己，使自己适应环境，两者结果大不相同。

坦白地讲，我的职场生涯也并非总是一帆风顺，甚至充满了种种磨难。这些磨难有些是命运给予的，有些则是我主动选择的。因为我明白，环境越不利，越有利于激发潜力。

我是一个一无背景、二无关系的普通大学生，毕业后进入一家净化器工程公司，做了一名普普通通的业务员，每天平平静静地上下班。不到一年，公司决定在开发区做一个新项目。当时很多人对这个项目没有信心，更何况所谓的开发区离市区有七八公里，非常偏僻，也不通公共汽车。许多人都不愿意去，我却主动要求去那里工作。因为我知道艰苦的环境最磨炼人，最激发人的潜力，个人成长最快。冬天下着大雪，刮着大风，非常冷。我每天早上在磕磕绊绊的路上骑着一辆破旧的自行车，走街串巷，调查市场，进行策划，采购器材……最终在艰苦的条件下开创出了一个新市场。

过了两三年后，公司又决定开发一个新项目，而且依然是一个经济落后、交通不便的荒凉地区。这时，我已经是公司技术部门的小组长，有了一批直属的手下。若我不离开月薪将涨到 1 万元，但我依然毫不犹豫地选择了接受新项目的开发。我之所以这么做，还是同样的原因：虽然那里的环境很艰难，任务很艰巨，却也可以让自己得到更加有价值的锻炼，拥有更广阔的发展空间。就这样，虽然我的工作经历了一段又一段艰难的时期，但我积累了丰富的工作经验，快速提高了个人能力。接下来，我赢得了领导的高度信任，先后被提拔为部门主任、技术总监以及副总经理。

棉花堆里磨不出好刀子。若想做一个出类拔萃的人，就要多经历一些磨难。生存环境越是艰苦，越能磨炼人的意志，越能增加人的智慧，生命就越能向上提升一个层次。

在你没有成为你想成为的人之前，在你没有得到你满意的职业业绩之前，请仔细想想：你是否已经足够努力。否则，你就没有抱怨环境的资格。无论我们身处何地，不要受到环境的限制，要相信自己的潜力是无限的。只要你全力以赴，就会在一个全新的世界里超越自己！

小结：

环境相对每一个人都是不同的。同样一个环境，对别人来说是好的，但对你来说可能就是不好的。无论是在优越的环境中，还是在恶劣的环境中，只要踏踏实实地努力，使自己的才能尽情施展，就一定是你的好环境。

职场缺氧？你需要争这一口气

每个人都有着强烈的被人重视的愿望，然而在职场中，每个人或多或少都有被忽视、被忽略，甚至有被轻视的时刻———无论说什么，做什么，似乎都引不起别人的重视和关注。面对这一状况，有些人会以不被重视为借口，丧失工作热情，无精打采，失去职业目标，这都是职场“缺氧”的症状。

怎么改变这一状况呢？在行动之前，我建议大家首先要清楚——为什么我会处于这种处境？

在这里，不排除有些人会依赖主观印象给你的行为进行定位和划分，从而屏蔽掉一些真实的信息，但别人怎样看待你，你自己本身是要负很大责任的。不论是英雄也好，傻瓜也好，别人对你的评价都来自于你的表现，而且会与你的表现等量齐观地评价你。若你凡事表现得无所用心，别人就会视你为平庸之辈；反之，你如果有出类拔萃的表现，别人就觉得你是个不同凡响的人。

因此，别人越是对你采取忽视的态度时，你越不应该找各种消极怠工的借口，而要运用智慧，蓄积力量，充分地展现自己。一旦你的出色表现出乎人们的意料，他们自然就会对你刮目相看。

我之所以持这一观点，是受一则故事的影响：

有一个年轻人终日郁郁寡欢，生闷气，为什么？原来他其貌不扬，不善言辞，又是大城市家庭里长大的独生子，结果上司主观地认定他能力一般，吃不得什么苦，因而对他有些冷淡和忽视。年轻人始终得不到上司的赏识，满腹怨言，对工作也是敷衍了事。一天，他去拜访恩师，并向其道出了自己的烦恼。

恩师听后什么也没有说，领着这个年轻人到了海边。之间，恩师弯腰拣起一块鹅卵石，抛了出去，扔到了一堆鹅卵石里，并问道："你能把我刚才扔出去的鹅卵石捡回来吗？"

"不能啊，"年轻人很快地回答，"它们都一样，分得清吗？"

"那如果我扔下一粒珍珠呢？"恩师再问，并别有深意地望着年轻人。

年轻人顿时恍然大悟：一味地生气只是徒劳，唯有争气，凭借实力迅速脱颖而出，才是明智的做法。回到公司后，年轻人积极调整自己的情绪，开始认真对待工作，不怕苦不怕累，将手头的工作做得非常完美。结果只过了半年时间，上司就对他刮目相看了，加薪又升职，他成了公司的大红人！

如果你只是一块平常无奇的鹅卵石，就没有生气抱怨的权利，因为自身还没有值得被注意的闪光点。我们应该警醒了，感觉职场"缺氧"时与其生气抱怨，与其借口多多，不如克制一时的冲动，默默用功，发奋图强，给自己争口气！不断提升自身的实力，别人对你的态度才会由轻视变为重视，甚至仰视。

大名鼎鼎的李安导演，有近十年因没能找到与电影有关的工作，不得不赋闲在家，靠妻子的薪水度日。为了缓解内心的愧疚，他包揽了所有的家务，买菜、做饭、带孩子、打扫屋子等。当时的李安已过而立之年。此时难免一些有"传统思想"的人觉得李安吃软饭，没出息，并因此轻视他。日后回忆起这段难熬的生活，李安十分痛苦地说："我想，我如果有日本丈夫的气节的话，早该切腹自杀了。"但李安并没有因这种轻视而自甘堕落，而是化痛苦为力量，不断地提升自己。

那段时间，李安每天在家里大量地阅读、看片、创作剧本，仔细研究好莱坞电影的剧本结构和制作方式，思考如何将中美文化结合到一起，创造一些全新的作品。期间他过着隐忍的生活，克服了影视界普遍存在的心浮气躁、好高骛远的缺陷，形成了自己的创作风格，而后以常人少有的耐心，精心制做，拍出了《推手》《饮食男女》《卧虎藏龙》《断背山》《色戒》等大红大紫的影片，迄今已经获得金球奖最佳导演、三个奥斯卡奖、两个威尼斯电影节金狮奖和两个柏林电影节金熊奖，成为国际影坛瞩目的华人导演。

一个热爱电影事业的电影人不能奋斗在电影行业，却只能待在家里做家务。如果当年别人轻视李安时，他内心耿耿于怀，并以此为借口，把时间和精力都花在生气、争吵上，哪里还会有今天万众瞩目、万人仰视的著名导演李安呢？

生气不如争气，当有人和我抱怨自己被忽略时，我经常说的一段话是："我们要学着不在乎旁人的态度，要对自己充满信心才行。同时，也要及时反思一下是否自身存在问题，个性缺陷，能力不佳，还是其他原因？然后，根据自己的不足，有目的地进行改正。把别人的轻视化为自己向上的力量，鼓足了劲去证明自己，让别人对你心服口服。当你比别人强的时候，他就只能敬佩你。"

"争气"和"生气"一字之差，带来的结果却是南辕北辙。

而且，从医学的观点看，经常生气对身心健康也是极其有害的，不仅浪费时间精力，而且伤心伤身。例如，《红楼梦》里的林黛玉，虽生有闭月羞花的美丽容貌，虽有出口成章的卓越才华，但她却常因一些生活琐事而郁郁寡欢，愁肠百结，辗转反侧，最终落了一个"红颜薄命"的悲惨结局。

有一首曾经很流行的歌叫《莫生气》，里面的歌词唱得好："人生像是一场戏，因为有缘才相聚。相遇相知不容易，是否更该去珍惜。为了小事发脾气，回头想来又何必，别人生气我不气，气出病来无人替。我若气坏谁如意，而且伤神又费力……"

如果你患有职场缺氧症，那么，从现在开始，着手改变吧。

小结：

有的人看到别人窃窃私语，就认为在议论自己；自己刚换了新发型，别人却没有及时注意到，就认为自己不受欢迎；别人一时忘了自己的名字，就觉得自己被忽略了，等等。其实这些行为本身并没有受到轻视，只是有时候我们生性敏感、多疑，把事情想像得太复杂了而已。

已知的是平庸，未知的是卓越

在多年的职业生涯中，我遇到过这样一些人：他们非常羡慕别人的高收入，非常羡慕别人优越的生活条件，他们每天也在为自己的生活付出艰辛的劳动，但他们的生活并不太好，而且始终没有改变。后来，参加了初中同学组织的一个小聚会，我终于明白有些人明明也有能力，为什么会一直平庸。

张平是我的初中同学。当时一起读书的时候他的学习成绩非常好，但后来由于父亲突然病逝，生为长子的他便辍学走上社会。现在张平在老家开大货车，经常跑长途拉货，非常努力地过日子。虽说大家的年龄都差不多，但张平明显比别人显得更老一些。见面时他一直称赞羡慕我们事业有成。

组织聚会的时候，为了方便联系，班长建了一个微信群，将我们这些人一一拉进群。但轮到张平这儿，他却说自己一直没有微信。大家问他为什么不注册一个呢？他的回答是："我就是一个开车的，没文化，没背景。这东西是年轻人玩的，我注册这个也没用。"在这种心态下，他一直没有尝试用微信。

后来，有同学问及我年前去法国旅行的事情，张平一脸的羡慕，说自己这辈子都不知道能不能出国看看。我说现在出国旅游很方便的，张平却摇摇头说："我没时间，也没钱，还有我口语不好，这辈子恐怕也别想了。"在这种理由下，他从来没有真正计划过出国旅游的事情，觉得那是痴人说梦。

这件事情对我触动很大，让我明白，一个人的平庸和低成就都是他自我设限的结果。在张平看来，只有有文化的人才会使用微信，只有英语好的人才会去出国游，这些就是他不学微信、不学英语的借口。虽然他的工作非常辛苦，却只是简单的重复，一直在舒适区内徘徊，拥有的能力也没有得到提高。在一成不变的套路里，他本身所有的能力都被限定住了，慢慢地就沦为了平庸之辈。

多么可怕的"自我设限"！细细想来，这样的情景不正是在许多人身上存在着么？

"我害羞""我懒惰""我记性不好""我不善交际""我太粗心大意了""我容易紧张""我天生就是这样的"……生活中，不少人总习惯用这种消极、让人不思进取的"标签"定义自己，这跟懦夫有什么区别？正由于这种自我设限，身体内无穷的潜力被遏制了，使人沦为平庸之辈！

这件事是如何发生的呢？我举个害羞的例子你就明白了。

有一个年轻人要参加行业聚会，但是他的心里很不情愿。"我不善交际。"他总这样评价自己。这可能与性格有关，可能来自他的经历，这无关紧要，我们把重点放在聚会上。现在，他看到几个人坐在一起聊得火热，他想："我也参与进去吧，多认识行业内的朋友应该不错。"他刚打算上前说话，这个时候，他突然意识到："不，我搞不定的！"然后，他开始问自己："为什么我搞不定？"他找到了答案："哦，因为我不善交际嘛！"于是，他更加坚定了他是个不善交际的人。

我曾经看到过一个精神病的定义，如蒙雷击："每天做着同样的事，却想得到不一样的结果，就是精神病。"自我设限的表现就是这样，当你想释放自身能力的时候，它便出来大喝一声，让你退缩！如果你把自己定在了一个自我期望的范围之内，那么你就只会做这个范围之内的事情。这是对自我潜能的画地为牢，它会束缚你的意识和能力，使自己无限的潜能化为有限的成就，再过十年也是停留在原地，无法前进。

工作中，你是否有这样的状况：你开始讨厌自己的工作，但你仍然留下来，因为你觉得你不能离开——你需要钱；或履历上的工作经验；或者你害怕找不到新的工作；或者你担心不能胜任其他工作。无论是什么原因，如果你想改变目前的现状，就要解除自我设限的种种“标签”，跳出自己或他人设下的条条框框，对自己提出超出一般人的期许，勇敢地去尝试那些未曾尝试的事，然后通过自身的努力，通过激发内在蕴藏的能力，让自己的力量强大，强大，再强大；向外延伸，延伸，再延伸，从而成功地进入新领域。不要认为这不可能，别忘了每个人都拥有一座潜能的宝藏。

大学时期，导师曾在课堂上给我们讲过这样一则故事，令我印象深刻：

哈佛音乐系来了一位新的指导教授。他是一个极其有名的钢琴师。系里的一名学生一心想做钢琴师，于是课后也经常来找教授指导，学习期限是三个月。授课的第一天，教授给了学生一份乐谱：“这份乐谱的难度颇高，你试试看吧！”结果，学生弹得生涩僵滞、错误百出。“还不成熟，回去好好练习！我给你一个星期的时间，一个星期后再来找我。”教授在下课时如此叮嘱学生。

学生很想得到教授的称赞，于是很努力地去练习。一个星期后，当学生自信满满地要为教授演奏时，教授提也没提上星期的课，而是递来一张新乐谱：“你把这个练好了，我再给你两个星期的时间。”学生翻看着乐谱，心里感到了不安，因为这次他面对的是一张更有难度的乐谱。但他还是打起精神坐到了钢琴前面，用自己的十指奋战、奋战、奋战……开始很生涩地弹奏着。

两个星期过去了，学生已经将那份乐谱练得差不多了。当他来到琴房的时候，教授没有在，只是留下了另外一份乐谱。学生翻开乐谱，手慢慢开始颤抖。他说：“完了，这乐谱我都看不懂了，太难了。”他感觉自己弹奏钢琴的信心似乎跌到了谷底。他不明白，为什么教授要以这种方式整人。

当教授走进练习室时，学生再也忍不住了，开始质问教授。教授没有解释什么，指着最初给学生的那份乐谱，以坚定的目光望着他："开始弹奏吧！"学生生气地把乐谱甩到地上，疯狂地弹奏起来。不可思议的事情发生了，连学生自己都惊讶万分，他居然可以将这首曲子弹奏得如此美妙、如此精湛！

演奏结束后，学生怔怔地望着教授，说不出话来。

"如果我任由你弹奏简单的乐谱，你不会有现在这样的水平……"教授缓缓地说。

其实我以前也有各种各样的限制性信念，但当我将自己的所有限制性信念列出，我再不给自己任何借口，并一个个打破，这时我发现，方法无限，潜能无限，真正做起来，真的不难。当你相信自己时，不行也行。所以，当我再遇到困难的时候，只要与目标相关，我再不给自己找任何借口。

已知的是平庸，未知的是卓越。我们惧怕未知，是本能，但人生就是一个从未知到未知的过程，当以挑战未知的态度对待工作，尝试之前没做过的事情，这就是一个不断挑战自我，激发潜能的过程。你所接触的未知领域就越来越大，表面上看是一种退步，实则是一种成长的必然。

现在，请重新审视自己，当面对生活中的一次次挑战时，你是畏畏缩缩，不敢前行，还是勇往直前，义无反顾呢？

认识问题总是容易，解决问题其实很难，挑战自己是个无比艰辛的任务，内心势必会遭受折磨和不堪。这需要坚定的信心和努力，第一步就是突破自己的心理障碍，我的经验是如果有什么事情让自己感觉不舒服，不自在，不要回避它，虽然害怕，仍然要去做；虽然不会，仍然得去做。

当硬着头皮坚持下来，你会惊喜地发现，你会对新的情况和挑战感觉到适应和舒服，不再紧张害怕。你会收获成长和进步，用武之地更加广阔了。你获得新机会的可能性也会更大，你终究将会令自我焕然一新。如果你每天都做一件之前未曾做过的事情，一年下来，你就能成为你所在领域中的精英。

小结：

人的进步不单单是在某些方面上取得突破，更是在面对新事物的时候，不畏惧，不排斥！如果你判断那些从来没有尝试过的新鲜事物，对你来说是个机会，或者你对它产生了兴趣，那么什么都不要想，先尽己所能地去了解，然后勇敢地去尝试，准备迎接新的挑战。

总抱怨没有伯乐，你就是千里马吗？

伯乐和千里马的故事想必大家都知道了，而衍生出来的一句话就是：千里马常有，而伯乐不常有。于是有些人一直坚信自己是千里马，却不愿意承认自己的平庸无能。他们在千里马的信念中忙碌着，踟蹰着，并苦恼着，为什么遇不上一个伯乐？他们将自己所有的不得志归结于怀才不遇。

我以前带过一个实习生，叫小晴。小姑娘文笔不错，但毕竟缺乏足够的历练，也仅仅是不错。她自恃才华横溢，文笔不错，业余时间在文学网站写小说。据我了解，总点击数才几百，她为此一直耿耿于怀。当我问及原因时，她说有些网络作家根本不是凭实力，就是会混圈子而已，靠认识很多圈内大咖帮自己宣传，所以点击量才那么高。之后，她还说了一句：“网友们是瞎吗，看不到我的才华吗？”我当时答复她的原话是：“你的小说没人看，只有一个原因，那就是你写得不够好。”

或许是我的话太直接，伤害了这个小姑娘，在此之后小晴开始漫无目的地投简历。不久，她在一家杂志社找到一份编辑工作。这份工作那么的光鲜靓丽，我以为小晴会安心下来，谁知半年后她就辞职了。用她的原话说："那个上司只不过是年长我几岁，我觉得她没有什么真材实料。跟着这样的领导干，肯定学不到东西。而且她也并不是真正懂我的人。待在这里，还不如去找一个能真正看到自己实力的地方。"

之后小晴断断续续地换了四五份工作，而所有的原因都大同小异，自己多么优秀、多么有才华，而老板、同事或客户多么没眼光，最后自己想换一个环境。

对于怀才不遇的遭遇，以前我总会充满同情和感慨。但现在，我觉得根本不存在什么"怀才不遇"的人。那些说自己怀才不遇的人，他们真正想说的是什么呢？他们想说的是："我们之所以没有成功，全是这个世界的错。"是的，这些借口是最容易被自己接受的。然而我必须要说，世上从没有怀才不遇这件事。

在多年的工作生涯中，我接触过很多成功人士，最真实的感受就是：每个行业最顶尖的人，才华、努力、人脉、方法，至少某一项有强大的过人之处，基本没有例外。

不要总期待着伯乐了，一个人的价值绝不是靠伯乐决定的。发挥自己的特质，挖掘自身的潜力。你勤奋，那就去更加努力，做出一番好业绩；你聪明，那就把聪明用到工作上，把好的建议传达给你的上司；你有潜力，那就努力让自己真正看到潜力所在，自己都看得到成绩了，相信别人一定不是瞎子。

你的价值由你决定，做好"千里马"，"伯乐"自然来。

这里有一个典型的事例，不妨一看。

巴恩斯十分希望能与爱迪生成为商业上的伙伴。可当时的他没有能力、没有经验，只能成为爱迪生手下的一名职员，每个月领固定的薪水。不过，他说："这虽然不是我要的，但我会等到成为爱迪生的合作伙伴为止。"在爱迪生工作室工作的几个月里，巴恩斯努力去熟悉自己的工作环境，了解爱迪生的思考模式及工作方法，并积极主动地对待工作，让这个工作室变得更有效率，工作氛围变得更加愉快。

爱迪生发明的东西很多。一次他发明了一个办公室器材——留声机，但是这个长得难看的、市场对之相当陌生的机器非常难卖。巴恩斯深知这对自己应是一个很好的机会。他表示自己有意销售这项产品。正愁产品卖不出的爱迪生欣然同意。接下来，巴恩斯开始拼命地推销留声机。他跑遍了全美国各地的大小城市，并最终使留声机得到了推广。销售工作做得相当成功，巴恩斯果断地提出与爱迪生签订销售条约。至此，巴恩斯终于成功地实现了自己的目标：成为发明家爱迪生的合伙人。

在这个竞争激烈、人才辈出的社会里，再好的产品，也需要好的营销；再优秀的人才，也需要好的推销。由此可见，你没有达到自己想象中的样子，并不是因为你真的怀才不遇。或许是因为本身就无才，又或许是少了谦逊学习和脚踏实地的态度。而当一个人能够清晰地认识自己的不足，然后不断地提升自己，不停地去激发自己，直到自身足够优秀了，伯乐自然就会来到你的面前。

老实说，我刚大学毕业时也有一点自命不凡。和许多写文章的人一样，我一开始的时候总觉得自己能写出惊世骇俗的文字出来。偶尔看到一些当红作家的文章，我往往会嗤之以鼻，觉得写这么烂居然还能受到追捧，简直不可思议。后来，我阳差阳错地在一家文化公司做责编。那时我整天长吁短叹，总想着什么时候才能出书。我觉得如果自己下笔，肯定分分钟情节也有，文字功底也有。直到后面领导让我写一个长篇故事的时候，我却发现无论如何都写不出来，才知道自己差得还很多。

还有一次，上司交给我一个稿子，让我帮着审核一下。当时我对自己的能力还是蛮有信心的，而且认为审稿子对于我而言太简单了，简直就是大材小用。结果我审核后的稿子居然出现了好几处语句不通的地方，被出版社的编辑挑了出来，我也因此受到了公司领导严厉的批评。那时，上司意味深长地告诉我这样一番话："年轻人，刚刚踏入职场时，千万不要眼高手低。"也就是从那时起，我真正意识到我之所以不成功，不是其他人的错，是自己不够优秀罢了。

侍弄文字是一件很枯燥的事情，除非你特别喜欢，就像我这种。而要想做好编辑工作，不仅要和作者沟通好，还要涉猎方方面面的知识。为什么？因为你从事文字编辑工作，你会遇到很多作者，如果你自身贮备不够，又何以剪裁他人的作品？那段时间，我每天在工作之余将国内外的名著都通读了一遍，而且还记载和摘抄下那些比较有价值的话语。有时在生活中有了一些体会想要记录下来，那么我就写感想。我也明白，一定要坚持写作，当积累得够多了，便能写出自己想要的东西了。那段时间，我从没有半夜三点之前睡过觉。我几乎日日更新文章，每篇都三千多字，并陆陆续续地开始在报纸上发表文章。之后，上司便提拔了我，再后来我也开始出书了。

这期间，我开始谦逊地阅读那些原本自己不屑的文章和书籍。我也逐渐明白了，论才气也好，论知识面也好，论人生阅历也好，有些作者之所以受到众人追捧，并不是因为有多么好的机遇和运气，而是创作时所蕴含的才气。而我之所以没能像他们一样，确实是因为天赋和学识还有阅历上的硬伤。

踏踏实实地做好每一件事，克服生活中的每一个难题，学习总结每一个前行中的经验和教训，那么，你总有一天会成为那个怀才而遇的人。

小结：

当确信自己是“千里马”时，你也要努力创造展示自己的机会。比如，敢于当众表达自己的观点，主动做一些分外事，等等。不要觉得这是哗众取宠，更多地充分展现自己，不仅能够让别人看到你的能力和才华，也是开启无限可能的基础。

成功的人都在做自己喜欢的事

你想做一个成功的人吗？

相信，不少人会迫不及待地回答：“想！”

怎么实现这一目标呢？告诉你，所有成功的人无一例外都在做自己喜欢的事。

我的朋友肖欢家境一般，长相一般，能力一般，总之是一个再普通不过的女孩。身边人都以为这样的女孩不会有什么出息，但肖欢却有力地向众人证实了自己。

中学时到一位女友家做客，肖欢第一次接触到甜点，甜甜的慕斯，美美的蛋糕，香香的蛋挞，软软的吐司……那时候她就梦想着将来自己能开一个烘焙店，把自己对甜点的热爱作为事业来发展。在大四实习期，肖欢来到一家烘焙店拜师学艺。这位师傅不收徒弟，但肖欢就“死皮赖脸”地不走，并提出不要工资，在店里打杂。接下来，她开始帮着做一些端盘子、洗杯碟的工作。许多人得知她是大学生时，不禁觉得可惜了。她竟也不觉得无聊与疲累，而是满心的欢喜。渐渐地，师傅觉得肖欢踏实、肯干，而且是真的热爱烘焙，便正式收她为徒。

肖欢喜欢专注于把多个鸡蛋放在盆里，随着手工打蛋器，蛋液四溅的畅快淋漓；喜欢听着嗡嗡嗡烤箱运转的声音，想象烤出的甜点模样与味道……跟着师傅做了三年学徒之后，肖欢开设了自己的烘焙店。虽然烘焙店的收入有限，而且不稳定。但只用水、面粉和盐做面包原料，用买到的最好的食材，为每一个上门的顾客提供最健康、最精美的甜品，在肖欢看来就是一件十分鼓舞的事。

有朋友曾经问过肖欢，在无数个夜深人静的时候，是什么让你坚持整夜不眠，重复一个又一个蛋糕与甜点的制作？她淡然地反问："这个还有为什么？就是喜欢。每天早晨醒来，一想到今天又能做喜欢的事情，我就无比的兴奋和激动。"当然，肖欢的真心付出与执着得到了回报，前来光顾的顾客络绎不绝。据我所知，如今肖欢的烘培店在全国开了八家连锁店，她已经拥有超千万的身价。

为什么会提及这个事例，因为在我看来注定一个人是平庸还是不凡的，不是你的出身、相貌，而是你能否努力做自己喜欢的事。肖欢之所以能从平庸走向卓越，也没有特别的成功秘诀，就是她一直在努力做烘焙。这种强烈而充满自信的斗志，这种努力争取的积极行为，最终给她带来了好运。

有不少人常和我抱怨工作压力大，对前途感到迷茫。其实真正观察其根源，你哪里是迷茫，是你没有找到喜欢的事而已。我相信，每个人都有一些与生俱来就特别喜欢的事情，没有道理的喜欢，愿意为它花很多时间、精力，并且乐此不疲。只要你去做了，那么你就会有收获。你越努力，那么你看起来就越毫不费力。

很幸运我已经找到了，这就是写作。

由于喜欢文字，我从初中开始就一直坚持一件事，那就是写作，开始是在日记本上写，后来在空间、博客上写，再后来陆陆续续开始出书。经常有人不无担心地问："你每天上班那么累，下班那么晚还写，会不会太累了？"但我的回答是："不会，做喜欢的事情怎么会累？"开心的时候，记录幸福的瞬间，时刻回味；烦恼的时候，用文字诉说自己的心事，保持心灵的纯净……就这样，让思路随着键盘的敲打变成文字，对我而言是最为美妙的时刻，让我感到满足和放松。

所以，别再拿迷茫当不求上进的借口了，也不要抱怨上天对你多么不公平，去寻找你喜欢的事情吧！如果有一件事情，你做起来会觉得很享受，可能是健身、跑步，或者是画画、弹吉他，无论是什么，只要你喜欢就好，那么剩下的就是该为了这一件事情花时间、花精力，去努力争取和奋斗了。

一个女孩自幼喜欢滑雪。她希望自己有朝一日能成为一名出色的滑雪运动员。从 5 岁开始，她就学习滑雪。然而，当她 12 岁时，不幸被检查出患了骨癌。为了保住生命，她必须锯掉右脚。手术后，她哭泣过，悲伤过，抱怨过，但依然没有放弃心中的梦想。因为她深知，做自己热爱的事，就是对生命负责。

单脚滑雪并不是一件容易的事，因而必须训练很好的平衡感。在快速滑下山坡时，尽管她努力维持身体的平衡，可总是会滑倒，脚上的滑雪板也经常被甩掉在七八十米外的山坡上；而装有小滑板来帮助平衡的两支雪杖也被摔成碎片，手套、风镜、帽子和假发，亦会掉落四处。但疼痛的折磨和打击都没有把她打倒。她以顽强的斗志和无比的勇气从地上一次次地爬了起来，仍然勤练滑雪。

功夫不负有心人，几年后她凭借着不懈的努力完全克服了滑雪的各种困难和障碍，以每小时 65 英里的惊人速度先后获得美国国家残障滑雪赛 19 面金牌、世界残障滑雪赛 10 面金牌、1988 年加拿大奥运女子残障滑雪障碍赛冠军，也最终一圆荣获奥林匹克金牌的美梦，成为美国运动史上极具传奇色彩的滑雪运动员。

她就是——戴安娜·高登。

戴安娜·高登的人生故事给了我许多感动和鼓舞，更给了我深沉的思索和启迪：当一个人找到自己最热爱的事情时，不仅不会拒绝所遇到的各种坎坷，还会将之视为向前的基石。没有条件就要创造条件，没有机会就去创造机会。随之而来，意料之中的收获，也就是一个人的价值所在。

美国作家兰迪·鲍许在其著作《最后的演讲》中说："每一个梦想前面总会出现一道砖墙。但砖墙的存在，不是为了阻挡我们，而是要给我们一次机会，来表明我们是多么想得到某个东西。"对此，我深以为然。

小结：

如果你尚未找到自己喜欢的事，平时就要多注意观察自己，鼓励自己多去尝试尚未做过的事情。愿意尝试其实是喜欢的开始，如果第一次行动能够获得小小的成就感，那么就有了坚持的意义和价值。如果没有那种成就感，那就再换一样，继续慢慢地尝试。

不图名，不为利，只为把事做好

前一段时间，听学员王先生讲起他初到X公司上班的状态。他不止一次愤慨地说："职场中，处处都有算计、口水、暗招、陷阱……"

X公司是一家老牌的实体公司。领导特别重视业务发展，培养了许多业务精英骨干。其中王先生和同事刘先生堪称佼佼者。王先生和刘先生的业务能力都很强。强强联手应该所向披靡。刘先生特别重视项目业绩。在他看来业绩就是升职的垫脚石，他经常为了抢业绩与同事们明争暗斗……

后来，王先生和刘先生共同接手一个新项目。王先生每天埋头苦干，加班加点地研究资料信息、拜访客户、开拓市场，而刘先生则和平常一样按点上下班。项目进行得很顺利，但在向上级汇报工作时，刘先生却将大部分功劳归在了自己名下。这令王先生深感烦恼，开始消极工作，甚至想到了跳槽。

王先生的案例很有典型性。相信很多人都遭遇过职场挫折，被别人的冷枪暗箭伤害过。而带给受害者心灵创伤的，永远是职场人逃避不了而又纯粹的、脱离人性的、不戴任何面具的名利角逐。总想着让自己在上司那里显得比别人更有能力，总希望比别人更快地升职加薪，于是就争业绩、争功劳，就像刘先生一样。但据我多年的工作经验和观察，这种人注定在职场没有什么作为。

职场的名：重要职位、老板赏识、客户认同、同事口碑、公司荣誉、行业地位等等，这些都是职场人能够获得的名。

职场的利：薪资、奖金、待遇、股权，这些都是能在职场获得的利。

大家仔细看一下，这里面有哪一个是靠你去争，能争来的？

职场上的名和利，都不是你能争来的，而是别人给你的。

别人为什么会给你名利呢？这里最关键的不是运气，不是环境，而是取决于你的能力。你做事的能力越高，在职场中越能担当责任，那么你的领导、上司、客户、同事也越会认可你、信任你、倚重你，接下来领导自然就会把职场名利给你了，给少了还怕留不住你。明白了这个道理，还有什么可争的呢？

基于这样的认识，我给王先生的建议是，能够获得名利当然令人向往，但决不可把名利看得太重，不要和同事争名夺利，更不要以此为借口消极怠工，现在最重要的事情就是自我能力的综合提升。

后来的事实证明，刘先生与下属、同级间矛盾重重，相互关系处理得很僵，在公司中的口碑极差，最终被冷落、被孤立。而王先生踏踏实实工作，各方面能力不断提升，并且待人和善，群众基础好，也深受上级的认可和喜欢，事业步步高升。

关注一下身边的成功人士，不难发现成功人士关心的不是环境的好坏，也不是职场中的竞争，他们关心更多的是：未来、趋势、价值。他们并非没有功名利禄之心，只是他们明白名利不是争来的。他们不图名，不为利，只是单纯地把手头的事情做好。当自己越来越优秀的时候，最终成功便来了。毋庸置疑，这是一种纯粹、高尚的匠人精神。这样的人更受人青睐、尊重和推崇。

他叫屈峰，故宫博物院文保科技部木器组组长。自 2006 年从中央美术学院毕业进入北京故宫博物院至今，屈峰已在故宫度过了 11 年的“宫廷生涯”。他坦承自己一开始来故宫工作并不是太适应，“在一个后工业时代，自己居然进了一座前工业时代的手工作坊”。如何让一个飞扬跳脱的当代大学毕业生耐得住寂寞，踏踏实实地继承手艺，从桀骜不驯修成灵慧虚和，是师父们的责任与难题。

作为一个天马行空的艺术专业毕业生，屈峰曾经为中规中矩的日常工作中无法安放的艺术创新梦想而苦闷。而且他参加中央美院的校友活动时，发现同学们都在做着更赚钱的现代艺术，这更让他内心浮躁。但不久他就从逆光中师父挥汗如雨的场景中懂得，名利二字在文物修复师的眼里没有多大意义。“你是一个生命，文物是一个生命，两个生命在碰撞的过程中，就会用自己的生命体验去理解文物，愿意施予它一生的劳动，使它完整地、安好地在长河中继续漂流下去。”

就这样，心高气傲的屈峰放下对名利的期待，不去想着如何获得功名利禄，像他的师父一样，低眉顺目、气定神闲地对待每一个到自己手上的文物。在近年最火的《我在故宫修文物》的纪录片里，他一边拿着刻刀，一笔一划地雕琢着佛头，一边娓娓道来：“你看有的人刻的佛，要么奸笑，要么淫笑，还有刻得很愁眉苦脸的。中国古代人讲究格物，就是以自身来观物，又以物来观自己。所以我说古代故宫的这些东西是有生命的。人制物的过程中，总是要把自己想办法融入到里头去。人到这个世上来，走了一趟，都想在世界上留点啥，觉得这样自己才有价值。幸好，我已找到。”

随着《我在故宫修文物》纪录片的播出，屈峰彻底火了。

很多人醉心于名利，终其一生都在苦苦寻觅，却很少得到名利。有些人不求名利，只是认真地做自己在做的事情，结果名利却反过来追求他。可见，只要你脚踏实地地工作，做出了自己的贡献；只要你的工作有价值，你自然就会获得好多的名利。

庄子有曰：“至人无己，神人无功，圣人无名。”意思是：“修养最高的人忘掉自我，修养较高的人无意追求功业，有学问道德的人无意追求名声。”这是告诉我们，名利皆是虚浮之事，一个有志成大事的人，一定得抵制名利的诱惑，坚定做事的决心，知道自己究竟是为了什么在努力，在奋斗。

艾玛·沃特森是幸运的。当年 8 岁的她通过《哈利·波特》电影剧组的面试，获得了赫敏·英格兰杰这个角色。为了演好赫敏，在拍摄的 11 年里，艾玛每天 6 点半就必须赶到片场，一天工作 12 个小时。她甚至因为“赫敏”一角，而留了近 10 年的长发。也正因为她的努力，才让赫敏成为她的代名词，赢得了许多影迷评选的奖项。

2010 年，艾玛正处于事业最巅峰。但和许多年纪轻轻一夜成名的女明星不同，她没有在名利的诱惑下，继续留在娱乐圈专职演戏，或经常在好莱坞的夜总会中露面，而且放弃了许多拍片和赚钱的机会，坚持回到学校学习。通过在美国常青藤名校布朗大学的学习，艾玛提升和充实了自己，表演功底也更加深厚了，生动有力的表演总是一次次的令观众们惊叹。她热爱公益，被任命为联合国妇女亲善大使，并且被媒体形容为美貌与智慧并存的“玉女”。她也因此为自己打开了更广阔的世界。

职场上的明争暗斗、尔虞我诈简直数不胜数，拉帮结派也都是常见的。

但职场，也是绝大多数人能够实现自己人生价值与梦想的地方。

名利永远都不是你上进或堕落的理由，请不要以此为借口来误导自己。不图名，不为利，只为把事做好。如果你通过努力真的获得了成功，那么这是天道酬勤。假如你做得还不够好，你的能力还不够强，那么你就要深挖自身的潜力，如此势必将你塑造成一个被认可、被信赖、被敬畏的形象。

小结：

如果真有同事明目张胆、颠倒黑白地抢功，不妨寻找适当的时机找领导直接说明真相。要光明磊落、心平气和，最好提供有利于自己的证据，这样不仅可以给领导留下敢说敢为的印象，而且还能让你实至名归。

不喜欢的工作，其实也可以做好

在职场中找准自己的位置，做自己擅长的事情，并从中获得成就和金钱，这对于许多人来说无疑是一件幸福的事情。但并不是每个人都这么幸运，由于种种现实原因，我们很多人在做着自己不喜欢的工作。例如，酷爱文学的人做了一名数学老师，喜欢教学研究的人做了行政管理工作……

我经常会听到身边很多人抱怨，为什么找一份理想的工作这么难？

但不喜欢某一份工作，是一个正当理由吗？你就可以对工作心不在焉，敷衍了事，晃荡一天算一天吗？或者干脆不做吗？告诉你，这些都不是聪明之选。谁能保证自己的下一份工作就是喜欢的呢？更何况，没有一个工作是十全十美的。任何工作中都有压力，都有枯燥的时刻。你能保证自己真能胜任喜欢的工作吗？

我身边有一位任高阶主管的朋友，生性追求自由自在，不喜欢朝九晚五的生活，一直想找一个管理宽松的企业，从离开上一份工作到找到下一份工作，其寻觅、洽谈的时间长达三年。尽管这位朋友最终有幸找到一家不错的公司，公司提倡人性化的出勤制度，员工的出勤时间随意，出勤延迟，相应地下班时间也延迟，只要保证每天工作六小时即可，但是他却发现在这种制度下所有员工不知不觉变得懒散，整个团队的协作能力也很差。最终他坦言："自由很容易让人失去方向，这也不是我理想中的工作方式。"

知道什么是精英吗？精英意味着你交给他的任务，不论他喜欢与否，都可以用最专业的职场素养和最客观的职场判断，把工作做得漂漂亮亮的。工作是什么？它意味着责任。选择了工作就要承担相应的责任，工作的动力也不是兴趣，而是责任。有些工作无论你喜欢与否，你都得做，这就是责任的含义。

汪凯出身于上海的一个音乐世家。由于从小的耳濡目染，他非常喜欢音乐，并期望自己能够一生驰骋在音乐的广阔天地中。但阴差阳错地，上大学时他被工商管理系录取了。尽管他不喜欢这一专业，但学得很认真。他不断地补充自身的专业知识，不断地提高自身的管理水平，每学期的各科成绩均是优异。毕业时，优秀的他被学校保送到复旦大学，后来又拿到了经济管理专业的博士学位。毕业后，他又进入了自己并不喜欢的证券业。如今他已是国内证券业界的风云人物。

对此，有人不解地问汪凯："你不是不喜欢你的专业吗？为何你学得那么棒？你不是不喜欢眼下的工作吗？为何你又做得那么优秀？这不是很矛盾吗？""不。"汪凯十分坚定地说，"老实说，至今为止我仍说不上喜欢自己所从事的工作。如果能够重新选择的话，我会毫不犹豫地选择音乐。但是对待工作必须要认真，不管喜欢不喜欢，那都是一定要面对的，我没有理由草草应付。那是对工作负责，也是对自己负责。"

责任比兴趣重要，重要的不是"我是否喜欢这份工作"，而是"我该如何做好这份工作"。对自己的行为有所约束，积极、认真、严谨，深挖自身潜力。如果是因为兴趣问题，就要考虑改变一下自己，去适应现在的工作；如果是自己的基础不好，能力不够而导致兴趣不足，就想办法提升自己。如此，我们就有可能成为这一领域的优秀者。那些说"只做自己喜欢的事"的人，只是为自己的懒惰、不负责找的冠冕堂皇的借口！

什么是兴趣？在我看来，真正的兴趣不是嘴上说说喜欢，而是在不断的练习中掌握工作相关的知识和技能，充分激发自身的潜能，在实践中将工作越做越出色，不但自己获得价值感和成功感，同时也受到老板和同事的赞许，从而不断加强我们对工作的满意度和热爱度，更出色地完成工作。

所以当有人抱怨不喜欢当前的工作时，我的建议是："我们不能只坐在那里期盼好工作从天而降，必须主动去寻找或是在目前的工作中创造那种环境。”

通常我们不愿意做那些自己认为不擅长的工作，所以会心里发怵，以这种心态怎么能工作好呢？其实在很多情况下，这是因为我们对工作了解得不够深入。了解不够，做起工作来就会因为摸不着门路而碰壁，我们就会有很强的挫败感。为了能够抵抗这份挫败感，我们只能告诉自己，不是我做不好，而是因为我不感兴趣，于是就有了“不喜欢现在的工作怎么办”这样的难题。

所以，解决“不喜欢现在的工作”这个问题真的很简单，那就是不要急着给自己找“我不喜欢”的借口，而要及时地、相对应地提升自我的能力。

我的堂妹是一个生性内向的女孩。她毕业于某重点大学的管理系，她的理想工作是做办公室的行政类工作。但是理想很丰满，现实很骨感，堂妹毕业后一直找不到合适的行政类工作，要么底薪少，要么活太累，最后只好做了自己最不喜欢的销售。第一次去拜访客户的时候，毫无经验的堂妹碰了一鼻子灰，被客户一口拒绝了。堂妹虽然不算从小娇生惯养的，但可以说是被家人捧着长大的，吃了“闭门羹”后大受打击。再加上她对这份工作本来就提不起任何兴趣，顿时产生了辞职的想法。

堂妹将自己的想法告诉了我，我鼓励她：“你怎么就知道自己干不好销售工作呢？要知道，只要你喜欢上一份工作，那么你肯定就会有所作为的。”

听了我的话，堂妹决定再试一试。在面对客户时，她有意识地要求自己谈吐优雅、幽默。当被客户拒绝时，她也会安慰自己这是正常的。堂妹的学习能力很强，接受新事物也很快。做了半个月后，她就能轻松地应对各种客户了，并且还为公司赢得了一个重要客户。“原来销售这么有意思，有挑战，也有成就感。”这下堂妹觉得自己已经爱上了销售工作，并坚信自己能做得更好。

堂妹的这个故事，对你有启发吗？

当你因为面对工作的难题而苦恼时，一定要记住这是你的工作，不要找借口推卸责任。要时常提醒自己：我选择工作的同时，也选择了责任。我一定要勇敢地承担起来。这其中困难的地方在于，你必须要学会忍受那个暂时无能的自己，暂时做不好事情被领导和客户骂的自己。努力在工作中尽职尽责，很多时候你会发现原以为枯燥乏味的工作中其实蕴含着很多乐趣，你的成就感也将有助于培养对工作的兴趣。

不要害怕浪费时间和精力，也不要拒绝各种学习的可能，要尽可能地充实自己，提升自己的段位，发掘自身的潜在能量，寻找新的增长点，你就能真正胜任当前的工作。

我始终笃定一个信念，每个坚持努力的人都不会被辜负。相信你也会有这样的想法。

小结：

过分把工作理想化是不切实际的。每份工作都有它的价值所在，用心工作总会有所收获。在工作之外，你可以重拾自信与兴趣，充分发挥自身所长。也许有一天，你的这些特长将会在工作中派上用场。